方桂與我五十五年

(增訂本)

徐 櫻

商 務 印 書 館
2010年·北京

圖書在版編目(CIP)數據

方桂與我五十五年:增訂本/徐櫻著.—北京:商務印書館,2010
ISBN 978-7-100-06640-2

I.方… II.徐… III.①徐櫻(1910～1993)－回憶錄 ②李方桂(1902～1987)－生平事蹟 IV.K825.5

中國版本圖書館CIP數據核字(2009)第067663號

所有權利保留。
未經許可,不得以任何方式使用。

FĀNGGUÌ YǓ WǑ WǓSHÍWǓNIÁN
方桂與我五十五年
(增訂本)

徐 櫻

商 務 印 書 館 出 版
(北京王府井大街36號 郵政編碼 100710)
商 務 印 書 館 發 行
北 京 瑞 古 冠 中 印 刷 廠 印 刷
ISBN 978-7-100-06640-2

2010年1月第1版　開本787×1092 1/32
2010年1月北京第1次印刷　印張8⅝ 插頁8
定價:25.00圓

作者 (1993)

李方桂 (1971)

李方桂與徐櫻 (1939)

趙元任夫婦與李方桂夫婦 (1939)

美國密西根大學校長與李方桂
授予李方桂榮譽博士學位 (1972)

許德珩與李方桂 (1983)

陳省身與徐櫻 (1990)

李方桂與徐櫻在清華大學 (1932)

許德珩在人民大會堂接見 (1983)

李方桂的母親何兆英 (1935)

李方桂與趙元任 (1929)

金婚 (1982)

金婚全家福 (1982)

金婚合影 (1982)

和林燾夫婦 (1988)

1978年初訪祖國演講後合影

序

讀了徐櫻姊的書稿,感慨萬千。方桂比我大九歲,但我們可說是同時代的人。我們的歷程,相同處實在很多。我們都經過了歷史上未有的變化,我們都想從學術貢獻於國家的現代化,我們都經過了關係國家存亡的抗日戰爭。一生播遷,弦歌未輟,我們都是幸運的人。

早在清華讀書的時候,就聽見了方桂的名字,知道他是一個傑出的青年語言學家。國學主張"讀書必先識字",所以文字學,那時叫作小學,是國學的一重要部分。等到方桂同趙元任先生等把範圍擴充到語言,利用近代的方法,就奠定了中國語言學的基礎。這是中國學術史上的一件大事。

三十年代方桂曾獲中央研究院的楊銓獎。那時中研院有兩個全國性的獎:人文科學的楊銓獎和自然科學的丁文江獎,是國家最重要的學術獎,當事者無意續辦,便都削滅了。在方桂以後,我曾獲丁文江獎,所以我們可說有"同榜之雅"。

我們初見大約在五十年代在芝加哥。那時我在芝大教書,方桂來教一個夏季。一見如舊識,兩家相聚為歡。方桂寡言,櫻姊熱誠,我們對事的看法,有不少相同之處。我從小愛讀徐樹錚將軍的四六通電,也佩服他領軍入庫倫的壯舉。我們間又多了一層關係。

書中內容已成歷史。我們的時代過去了。現代的中國已有一個廣大的有新知識的民眾,已不是一個弱國。希望從此加緊建設,全民合作,使廿一世紀的中國是一個模範的國家。

陳省身

1993 年 8 月

再 版 前 言

1993年,先母徐櫻女士車禍去世,兩個多月以後,我在她的抽屜裡發現了商務印書館郭良夫先生給她的一封信。信裡說商務印書館願意出版她撰寫的父親的生傳。而且也得到另一家出版商的同意,把已經輸入的電子版轉讓給商務。在這以前,我只知道母親日夜孜孜不倦的編寫父親的傳,再由表姐徐露西用那時很原始的漢語軟件,打印出來。我完全不知道她老人家已經找到兩家出版社願意發行她的書。可巧那年我在北京教暑期課,見了郭先生談起來好像母親還沒有回的信,我當然馬上同意出版。那時我連全原稿、毛樣都沒有看到。回到美國以後,匆匆找出幾張照片,複印了父親墨跡,寄給郭先生。1994年4月出版以後才發現很多錯誤都沒有校改。雖然如此,讀者反應還是很好。尤其是父親的同行和學生們。主要是母親的文筆生動,感人。也可能是散文式的風格比學術性的文章容易讀。同時國內也開始重視多年流居海外的中國學者,後來我給郭先生寄了100多項的勘誤表,待第二版更正。

如今14年以後,编辑乔永先生通知我要再版這本書,同時编辑部已經作了校改。我很感激,校改許多少見的外文文獻，作者名字都查出來改正。還有許多中文別字，是我沒有注意到的，或以爲簡體字就是這麼樣，也加以更正。這次再版，又補充了一些從母親的別的著作裡面轉錄的段落，增加了一些照片。希望這個比較完整的版本會得到讀者們的首肯。

李林德
於加州，奧克蘭市
12/25/2007

目　錄

方桂與我五十五年 ………………………… 徐　櫻(1)
思念母親………………………………… 李林德等(236)

附　錄

悼念我的老師李方桂先生………………… 馬學良(241)
非漢語語言學之父………………………… 丁邦新(247)

方桂與我五十五年

1 緒言

一九八五年四月十五日,方桂同我離開一住十五年的人間仙島夏威夷,來到西岸灣區大女林德附近定居。夏季培德兒一家來此省視,兒媳燕生感覺方桂和我都漸入暮年,提議留點兒錄音,以便將來若寫傳記有所根據,方桂以玩笑的口吻錄了一小段兒。以後,我曾屢次再請他把幼年的趣事,家裡的大事,他求學的過程,以及治學的經驗等等,再繼續錄一些,他總是謙遜地說:沒有甚麼可說的,沒有甚麼可說的。

一九八六年林德又提此事,方桂雖不怎麼熱心,但是也沒反對。林德就積極地物色了加州大學的語言學博士陳寧萍幫忙,此人曾給趙元任先生做過口述記錄的,對此工作一定內行。寧萍又約了加大准博士羅仁地(Randy J. LaPolla)先生同作訪問者。因為書成預備用英語發表,有個美國人同作記錄,對於口語方面也許較為傳真,活潑,於是在一九八六年七月間到當年十二月,陳寧萍、羅仁地二人每星期來訪問一次,正式的和非正式的共有十二次錄音記錄。可惜那時方桂的記憶同叙述已經不如以前那麼清楚有條理了,所以有時插入我的補充,有時林德或培德在場時也跟着提到一項兩項。另有我初過門兒時,隨侍婆母時面諭的掌故、軼事,尤為可貴。還有山西同鄉趙秉璇先生給我節錄一些山西省縣志的資料。綜合了這些,以及門人、朋友、同事弔悼的詩文,搜集成冊以奠於方桂逝世五年之祭。

2 識荆

我和方桂締交三載,結婚五十五年,我所認識的他,有三個階段:壯年,中年,老年。瀟灑的學者,循循善誘的良師,慈祥的老人。但從來也沒聽到他提過,也沒想到他顯赫的家世。今據同鄉趙秉璇先生寄來的山西昔陽縣志,節錄其中一二小段。否則後世子孫很難知道這些事情了。

祖父希蓮公,字亦青,號仙峰。自幼聰穎好學,曾與李用清,李鳴鳳同學於晉陽書院。每月考試,三人循環冠榜首,晉人稱樂平三李。咸豐庚申年(一八六零年)中進士。一生官運亨通,侍母至孝。老人家出生是難產,母郭太夫人幾乎喪生,臥病經年,留有夙疾,多年後病發不治。老太爺割骨療親,母病痊愈。以後每年生日,老太爺都持齋拜佛,為母祈福求壽。享年八十無疾而終。(一八八三年)

希蓮公為官廉潔耿直,愛民絕賄,秉公執法。每有升遷,紳民爭致牌傘,攀轅勒馬,不能成行,有貧民鰥婦,追呼李青天。其情其景至為感人!(一八九二年)

父光宇公,字簡齋,號印巖,光緒己卯(一八七九年)中舉,庚辰(一八八零年)捷進士。歷任顯職。署肇陽羅道臺一任,就是十餘年。勤政愛民,創辦女學校,設立戒烟局。宣統初年,朝政日非,掛冠求去。一九一一年,廣州黃花崗起義。辛亥革命後,光宇公回到故鄉閉門讀書,不問世事。在京外宦遊四十年,卸任時竟一貧如洗。晚景生活潦倒,幾近於乞!(錄自昔陽縣志民國四年版第二册三十一頁—三十二頁)

方桂出自世家,從小苦讀。從二十四歲到二十七歲三年中連獲學士、碩士、博士三個學位。一生不慕榮祿,不熱仕途。他從未離開語言學領域,默默地耕耘,循循地施教。交遊廣闊,桃李滿門。昔陽縣志稱李氏祖孫三傑。(昔陽縣志民國四年版第二册第三十四頁)

方桂的兒女輩也都僥倖修了博士、學士,誰也沒離開校園。書香之家,可以說傳到第四、五代了。父祖神靈有知,也頗可以在天含笑!

3　官邸

祖父希蓮公在京外為官多年,任江西生產瓷器的九江道臺,三連其任,一共是九年。我過門時,家裡大瓷魚缸、荷花缸、瓷花盆、細瓷餐具還有不少。前清京外的大官,每一二年都要回京述職,現代的術語就是作匯報。那麼北京城裡,總要有一所官邸,隨時應用。這所官邸坐落在東城最繁華的地帶,大甜水井九號。四進正院,有垂花門,敞廳,遍植桃梅松柏。一進偏院有甜水井一口,太湖石假山,種植海棠紫藤丁香是花園書齋。前庭後院八十餘間,迴廊曲折幽雅。朱紅雙扇大門,門前有上馬石,門內有轎廳,門坎兒一尺多高,雙環提起,可進騾車,後來則進洋車、汽車了。臨街有一棵彎彎的棗樹。這所官邸是當日父親光宇公出任前,在北京購地鳩工,親自經手監造的,十分堂皇堅固,數次興衰。太夫人和我都在此巨宅內過門。老人家抗戰後歸來在此壽終設祭。多年以來,這座巨宅已改為大甜水井小學,雖然是物盡其用,可是已非李氏所有,這所巨宅近百年的滄桑史,言之痛心!

4 世家

方桂的母親何氏兆英,出自名門。她是左都御史何乃瀅公的長女。自幼聰明,有見解,精于繪畫,曾是慈禧太后代筆的女官之一。外祖宦場出入,有時有賴長女幫襯。因此二、三、四、五妹都出嫁了,才把長姊太夫人許配給外祖父的同年進士光宇公。太夫人歸李氏時已經二十九歲,又是三續弦。前房有長子,房中還有兩名姬妾。嫁後雖是夫人,但當時的日月,也頗多難言之苦!幸而太夫人過門後,連生一女三男,方桂最幼,父母的寵愛是可以想象的。尤其太夫人對於兒女,更是視如珍寶!官家僕婢如雲,各司其職,太夫人更是一心一意只是在兒女身上下工夫,凡事親自調度。幼年保其健康,及長使其受最好的教育,姊弟四人,大了都各有所成,雖靠自己的天分和努力,太夫人的籌謀策劃,可是最大的因素。

我結婚後早晚問安,關於當年在廣東任上的掌故軼聞,都是婆母口述。關於方桂的趣事尤多。方桂雖然也很喜歡聽,可總紅着臉說:"哪有此事!哪有此事!"當然因為母氏所提多半是開玩笑同誇讚他的話。

太夫人年過四十,喜生幼子,嬌養的情形可以想見。據說方桂又是天生的乖孩子,很少啼哭,雖在夜間,也有人輪流抱着睡覺。林德出世時,新方法不許摟抱,她在樓上啼哭,老人家就在樓下掉淚。她說:"老九(方桂大排行第九)小時,夜裡都是傭人替換抱着睡覺,怎麼他的孩子白天都沒人管,任其啼哭!"以後我也只好破例再也不敢任林德啼哭了。

俊奶娘

方桂初生,母乳不足。那時不用奶瓶,唯一的方法,就是僱請奶娘。僱請奶娘在那時代可是一件大事,富家官家挑選更甚。第一要身家清白,第二要人品體面,第三要年輕,只生過一兩個孩子的,乳汁才豐富營養。據說乳娘面貌若有缺陷,孩子吃了她的奶,一定會像她的缺陷,而好處如大眼睛、高鼻梁等等却不一定會像。一切條件合適了,則必須定了契約,一旦被僱,她家發生任何大小事故,都不能離職。在喂奶期間,絕不許告假或外出,同時主人要供她好吃好住,也不可隨便責備他,以便產生良好的乳汁,要是吃的不好或受了閒氣,會影響乳汁,孩子吃了氣奶,也會生病。約好一年或二年斷奶,約滿要送奶娘四件首飾,或金或銀,四季衣服,被褥枕蓆等等。功德圓滿,大家歡喜,送她回家。雙方處得好,再做下去,那就不在契約以內了。那時的習慣,東家要是雇到了個好奶娘,多半是請她做一輩子,好像又多了一家親戚似的,成了家中的一員。

且說太夫人為方桂物色的這位小奶娘,確實年輕體面,少年新寡,乳汁又豐,是個好人選。她以哄抱小少爺為名,所以前廳後院,花園水榭,到處遊玩。她尤其喜歡到前廳和男聽差們說說笑笑,她本是風流性格,男聽差們也樂得吃吃豆腐,討討便宜。她又自恃甚高,和同事們都不大和氣。不久可就出了毛病,因她乳汁漸少,她大量地吃魚喝湯,乳汁依然日減,她偷偷剝了新鮮荔枝給方桂吸吮,暫時充饑,但紙難包火,終於被別人看見,告發了她,原來她懷孕了,只好解約辭退。

荔枝本是果中的極品,方桂以後對其他水果都無大興趣,唯喜食荔枝,他的這一偏愛,或許有點兒道理吧。

5 父母寵愛

方桂生於一九○二年,父親官運正隆的廣東肇陽羅道臺的任上。他方面大耳,鼻高口闊,是個很體面的男娃娃。那時小男孩的髮型,總不外乎是留一圈劉海兒,再在旁邊留個小偏桃兒,或者是在前面留個小蠟簽兒,亦名小衝天炮。

他那時的髮型就是後者,跑起來顫巍巍的小辮兒,還挑着大紅絨頭繩兒。跑到母親面前,抱着雙腿,仰頭一笑,老人家當時真是心花怒放,有甚麼不如意的事,也都一掃而空了。譬如說和長子有甚麼矛盾,和姨太太們有甚麼窩囊,甚至於丈夫有時冷淡,這些事不免有時發生,而現在都雲消霧散了!抱起最疼愛的小兒子,滿懷甜美愉悅和滿足!這是她老人家最愛述說的一段。

父親的寵愛是另一個方式。據方桂自己說道臺衙門寬大,官邸就在後進的院落,池榭亭臺,頗具規模,平日很少外出。有父輩的朋友來訪,都叫方桂出庭拜見。有時招待幾圈麻將,也是他陪客。因為官場的同僚們,有時等級不同,就不便同桌。有時逢到三缺一,或者是等客,他就被寵上桌了。他那時只有七八歲,坐着太矮,只好蹲在椅子上打。他每次談起,總有得意之色。兩位哥哥都比他身高年長,但並不見他們出場。可見他那時牌藝精於兄姊,父親對他的偏愛,也可想見了。

日後有些學究老朋友們,羨慕方桂會打麻將消遣,蔣慰堂先生就稱讚他不只一次。他總很得意地說:"我七八歲時,就蹲在椅子上,為父親陪大官打麻將!"方桂生前一向不經手銀錢,唯有打麻將,輸了由我付賬,贏了,他會很高興地把錢收到皮夾裡。同桌的牌友們,往往為自己輸了錢給他而感到愉快,像劉德莊夫婦,就常常放他個人情張子,因為看到他收錢時,面現似乎童年的欣喜而也跟着欣喜!所以拙著《悼方桂俚句》中有"羅漢列二九,四喜慶三元"之句。

方桂從不嗜賭,但是象棋、圍棋、橋牌、麻將等,他一上場,總不大會輸的。尤其是晚年,他很喜歡玩幾圈衛生麻將,住院期間,陳寧萍探病送了他一張四寸高的大型發財牌,他也含笑把玩了很久。

6 童年

方桂的童年,在廣州過得那麼充實、快樂而富有。在肇陽羅道臺的衙門裡,每天只在衙內花園裡和兄姊以及堂房的孩子們游戲。家裡請了教師給那些大孩子們上課,他在旁聽着兄姊們朗誦、苦讀,可是書還是背不出,他就跟着給提詞兒,這樣父母才知道他的天分比其他人高得甚多,這才叫他正式拜師入學。老師可省事了,給別人上課他都能領悟,所以只是給他講些忠孝的故事就夠了,他也從不像別人,為了背書作文急得愁眉苦臉。他在玩笑間已把功課完成,看着別人受罪。這樣快樂的日子直到九歲,國運家運起了大大的變化!

兵燹

一九一一年,辛亥革命成功,清皇朝退位,共和成立,改成民國。光宇公是清室的忠臣,他不事二主,卸任還鄉。他老人家雖然從政多年,可是兩袖清風,一生不懂經濟,只會做官。他得了錢不會打算,只知道帶了全家回到山西昔陽縣大寨老家終老。大寨現在可出名了,全國無人不知,可是那時只是一個貧窮落後的小村子。一九四九年以後,一九七八年,方桂初次回國,本要秋季回鄉祭祖掃墓,鄉長縣長都曾來公函邀請,趙秉璇先生還寄來李氏祠堂的照片。可惜方桂於一九八七年八月過世,這個心願,竟無法得償!語云:富貴不歸故鄉,如衣錦夜行!傷哉!痛哉!

且說全家老小,在回鄉的路上經過河北第一大城保定府,休息觀光幾天,不巧忽然兵變!那個時代,皇朝共和,正在傾圮混亂當中,軍閥們你爭我奪,各據一方。一言不和,將帥倒戈,一言不和,士兵嘩變。途中正趕上這一檔子。那時誰打誰,是誰的兵叛變,也不清楚。反正是一聲霹雷,滿城的亂兵,燒殺搶掠,勢如狂飆!大家就把首飾銀錢分散綁在身上,或是縫在衣服裡。方桂最幼小,就把好首飾縫在他的褲兜子裡,也有些埋在地下。老太爺真是愚不可及,他手上的錢,還有幾個洋鐘洋表,他也不收不藏,通通裝在一個洋式的大手提包裡,他認為亂兵慌裡慌張,哪會開洋式提包。哪知亂兵破門而入,看見一位老爺手裡抱着大洋提包在堂屋裡端坐。亂兵進來毫不費力地說:"您歇着吧,把皮包交給我拿着。"接過皮包,呼嘯而去!這一來,家財失去大半!

幾天過後,亂兵平息。但是家家閉戶,鋪鋪關門。行商旅舍,也不供給伙食了,全市都在癱瘓的狀態中。本城紳商就出面維持治安,善心的人士就捨粥捨茶,救濟難民同無家可歸的無衣無食的人。李氏一家也只好捧了碗,到大街上打粥以過難關!

方桂每觀平劇鎖麟囊中的富家女薛湘蓮,洪水傾家,抱了個破碗,到街上打粥,他總寄以無窮的同情和感慨,因自身真的有此酸辛啊!

兵亂平息,全家預備回鄉。家財一失大半,老太太可變了主意了。她認為手上還拿着點有限的錢,回鄉坐吃山空,能有甚麼發展呢?要想再建家業,重整門庭,兒女們必須受良好的教育,才能望其有成。若是鄉居,老死田園,與草木同腐,這一門顯赫世代書香,不是就此完結了嗎?要想翻身,非帶了兒女,回北京奮鬥不可。而老太爺因棄官破產,萬念全灰,他沒有再圖崛起的雄心了。他認為兒女幼小,一家拖回京城大地方,必須撐着場面,食指浩繁,若維持不下,前途不堪設想。夫妻因此爭執討論了好久。婆母真是女中強人,她當機立斷,他們就把手中所有,二人彼此分了一半,他帶了兩位姨太太,而她帶了三個兒女,夫妻從此分道揚鑣!

這一分途,對於他們姊弟三人方瑞(後改名李漪)、方玉、方桂的前途,是百分之百的決定關鍵。

在入方桂正傳以前,我想把婆母傳奇性的一生,也略談一談。這也是方桂晚年的一個心願。他很想給母親寫個小傳,但苦於不善於寫本行以外的叙事體裁,所以把老人家的照片放大配框,朝夕默念,以盡孝思。

7 度 日 維 艱

且說這母子四人,頗為狼狽地回到北京,直奔何府外祖家,暫時落腳。那可是生活上很不愉快的一段,因為那時外祖父,一位寵愛女兒的父親已過世。外祖母只生五女,無男,在本家過繼了一子,名何圯生,是為舅父。

在那沒有女權的時代,出了嫁的女兒,回到娘家來,要看他夫家的景況。若是富貴,娘家人都會錦上添花,要是景況不佳的話,那就很傷感情了。何況外祖母已不當家管事,舅父母又不是親手足,又有老姨太太、少姨太太等人。所以除去外祖母一人而外,其他衆人,口雖不敢明言,但誰不是一臉的冷淡!婆母是何等的敏感而又心高氣傲的人,她向老母理論了。

兩千元

婆母在家時,因幫助父親為官,為慈禧太后代筆女官,多少美滿姻緣都失之交臂,華年虛擲。幾乎三十歲了,才遣嫁三續弦給比自己大了二十歲的父親的同年。(何乃瀅公和李光宇公是同年的進士。)何氏家財,大半是她幫助賺來的。現夫家運道中衰,落魄回家,娘家人不但沒有同情,格外照顧,反而大家都白眼相看,她為了這個家庭所付出的努力和辛勞,難道都被遺忘了嗎?這樣一翻舊賬,大家都不免惶恐、歉疚!由外祖母出面問:「你要怎樣幫忙呢?」母親說:「多了不要,我只要兩千元,重整家業。以後絕不麻煩你們。」何家人一聽,大為放心,要是兩千元能把這家窮人請走,倒是好事。外祖母欣然承諾。但別人想這兩千元花用完了,還不是又得回來?於是建議寫個借約。外祖母是個没有主意的老好人,聽了過房兒子兒媳的話,說:"那也好。"婆母一聽,大發雷霆說:"何氏當日升官發財,是誰出力最多?我今開口要一時周轉,竟要我簽約,我是路人嗎?好!我立刻帶了孩子走出何府,寧可在外乞討,從今不沾何家一文,不走進何府一步。"這話一說,何家人大悔自己過分!何家何等人家,要是惹惱了姑太太,出去求別人幫忙,何家顏面何在?外祖母眼看親生長女說出如此的氣話,也怪自己太不諒解了。舅父舅母作揖打躬,雙手奉送兩千元,并說日內籌款,繼續再送。

女強人

婆母接過這兩千元,堅持非寫借約不可。并誇下海口說:"將來李家的兒子,要是不如何家,李家的日子過得不如何家,還不了債,我誓不回家!"她搬出何府,真是幾年都没回家。外祖母病危,過世,何家人來接,她都不去。她說:"君子固窮,我今還在困境中,別叫人說我回來有企圖。前債没清,不回家!"王寶釧的故事,真又上演了。

且說當日婆母搬出何府,由下斜街一戶人家的一個小四合院裡,分租了兩間房子。一家四口,還雇了一個小使女,就過起小日子來。御史的衙門,道臺的官邸,亭臺樓閣,僕婢差官,這一切的一切,都完全置諸腦後。一個人要是能丟開心理上的包袱,那一切就都處之泰然了!她老人家真是提得起放得下,荆釵布裙,箱中還有點首飾,又典賣了一部分,買了兩所小房子,收些租金,維持這一家食住,兒女教育。說起真令人感動,雖然如此節儉,她還留下一雙翠鐲、翠戒指、翠耳環、翠如意,留着為她最心愛的小兒子娶親用的。

我結婚之夜,晚宴席前,婆母向我深深一拜,說:"我的家,我的兒子,都交給你了,望你珍惜一切,好自為之!"我真誠惶誠恐,覺得任重道遠,不勝負荷!五十八年過去了,我陪伴了方桂壽享天年。這幾件首飾我至今還戴着。兒女孫輩也都知努力。婆母卸給我的重任,我也算勉力交卷了!

再說方桂他們兄弟姊妹五人的遭遇。大哥是前房母親所出,二十歲時就過世了。二哥方惠在廣東就結婚了,生有兒女五人,住岳家,後來夫妻都沒回北京,青年早逝。

太夫人所生方瑞姊,後來改單名李漪,中學畢業後入北京醫科大學病理科。一九四七年,曾來美霍浦金大學(Johns Hopkins University)醫學院作病理研究,回國時帶去白鼠。至今國內作研究用的白鼠,還是她帶回去的子子孫孫。一九八三年在天津過世,享年八十五歲。方玉八兄(大排行)同老九方桂都入北京師範學院附屬小學,後升附中,那是當年很出名的學校,聽說至今盛名不衰。一九七八年方桂回北京訪問母校,正值星期日,校中沒有學生,教職員二三十人看見老校友回來了,大家熱烈地歡迎!

大學的教育,方玉是入了天津南開大學攻政治。方桂是入北京清華學堂先攻醫預科,後來美國,改攻語言學,成就他一生的事業。

方玉哥學成後從政,曾當過山西閻錫山長官的機要秘書和交際科的科長。歷年以來,何家表弟兄們,找他做的事也不少。中日戰爭勝利復員,他又做了接收大員。何家的祖產也幸賴他保全。

婆母從四川由方玉復員陪她回家,這回兩個兒子都給她爭了光,她今天揚眉吐氣,回到何家拜祖。何家表弟拿出當年的借據奉還,婆母說:"好啊!一過多半個世紀的年月,你們還保留着這張破爛紙!好姪子!你居然還到我的手上,我給你磕頭道謝!"說着說着真的磕下頭去。姪子嚇得長跪不起,把借據當衆扯成幾片,總算是了掉這件公案。後來聽說八哥還是給了何家幾條金子。一九七八年我同方桂回國拜訪老親舊友,老紅表弟告訴我們這一段往事。(老紅表弟就是還借據的那位姪子,今也下世了。)

老人家一九四八年回到北京,後來在大甜水井九號故居壽終正寢,舉行了停靈追悼儀式大典,享年八十三歲。

婆母自歸李氏從沒機會提過畫筆,林德說抗戰期間,她曾有一次看到奶奶畫畫。現在僅有的一張遺作,是一隻蝴蝶,在何五表弟手上。一九七八年方桂同何五表弟曾經共同展看,方桂想要,但裱在畫冊上,不易取出,表弟也不肯割愛。現在他們兩人都過世了。我若再回國,想設法把這只蝴蝶請回李家留念,好讓後世子孫仰慕祖母的才華。希望表姪們能跟我合作。

8 文章有價

且說婆母回北京後,日子雖然過得很艱苦,倒也安定下來,姊弟三人很能專心專意,勤奮讀書。一九一四年,方桂十二歲,讀完了師大附小,直升師大附屬中學。當時有位國文老師,很有學問,很有見地,也很幽默。方桂那時喜看小說,而國文并不好,也不太用功。每星期一篇作文,據他自己說,都不滿一張稿紙,可是老師老給他好分。有一次不知是寫甚麼題目,還給貼在黑板上,讓他朗讀。批語是:其文雖短,但言之有物! 有位同班同學,名王書林,慣寫長文,他頗為自豪。但有一次,他的作文上老師的批語是:此文甚長,甚臭,其臭如臭豆腐!以後多年以來,大家都叫他們夫妻豆兄豆嫂。三年前豆兄豆嫂都過世了!

方桂以後又有一篇作文,好像是與政治和學潮有關,犯了學校的大忌,學校要開除他,這位國文老師,力挽狂瀾,硬把他保留下來。一九二零年,方桂總算平平安安,名列前茅,畢業於師範大學附屬中學。以後就是入大學的問題了。

同學中有三個人志同道合,其一是張鈺哲,學天文的,後來做了一輩子的天文研究所所長,直到八十多歲。另一人叫劉希古,學政治的,學成後回國從政,多年沒有往來了。方桂則畢生致力於語言學。

且說那時他們三人怎樣考大學的呢,提起來也很有意思。這裡的敘述,一部分是方桂口述記錄,一部分是我聽他以前說的。

三人中劉君好像是知道當時有個清華學堂,是為預科,如能考進,畢業後可得政府官費到美國留學,自己可以不用花錢,但是很難考取。因此他們三人又想出了好點子,除報考清華外，再考其他兩個好學校，一個是天津北洋理工大學，以土木工程和礦物工程著名。另外一個是協和醫科大學。當時這三校是國內最高的三大學府，名副其實的窄門兒！

三校考期不同時，先是天津的北洋大學在北京招生，以下是方桂自己的口述："我們就先考北洋。兩週後發榜，我們三人都大喜過望，原來都被錄取了！這一來我們勇氣大增，再考清華。說起清華的考試，十分古怪，國文、歷史以外，其他科目都用英文考試，而那時國內的中學，英文讀的十分有限，這已經是一大難關。考試科目尤其難猜難答，你猜是考甚麼？"方桂笑着說，"第一考衛生，第二考勞作，木工。中國的中學誰做過木工？還考地理，算術，外文，還有其他的科目，一律用英文考。那末如何預備考試呢？我們向一位讀清華的學長借了一本英文版衛生，三人又湊錢買了其他二手舊書，三人同讀一本書，然後大家討論，這樣一來，我們倒是讀得扎實，透徹。考期將近了，我們三人都夜以繼日，臨陣磨槍。古人有頭懸梁、錐刺骨的，我們真恨不得也照樣辦！

"清華的考場共分在四大城市：北京、上海、漢口、廣州。每處報名的約有六十到九十人，甚至於上百。中國人口眾多，這個數目並不能算大，好多人不敢投考，因為被取甚難。綜合四處的考生，結果我們三人，又都僥倖高中了！那年四處的考生只取七人而已！（方桂言下很是得意。）

"在清華發榜以前，我們還是不敢放棄協和，因為那也是第一流的醫學院。是洛氏（Rockeffeller）基金創辦的。（曾改名首都醫院。因洛氏已經不給錢了，光景已大非昔比！一九八八年冬，我（徐櫻）在北京病了，曾住過三個醫院，協和依然是首屈一指的。）

"清華發榜後，我們當然不考協和了。豆兄打趣我說：'我要送你一塊匾，上書救人千萬。李方桂要是當了醫生，不知要醫死多少人！'（這是老同學戲謔之辭，以報豆兄之恥。現在二人皆過世，提起來也是頗多親切惆悵之感！——徐櫻註）

"清華兩年的預科將滿，學校問我到美國將修何科？我那時對醫科還是有興趣，所以我要修醫預科。學醫必修化學、生物、物理、算學，還有拉丁文，因解剖學名詞多用拉丁文，一些藥物名稱也常用拉丁文字，并且我知道有一位出名的拉丁文教員。這是我最初期介入語言學的領域，同時我也選過兩三年的德文。

"到底學何科？現在必須作最後的決定。我最初要學醫，現在變了主意。（可惜世界上少了一位名醫。——徐櫻註）我要改攻語言學，因為我對拉丁文和德文發生了濃厚的興趣。

"學校又問：'那麼你們心目中要入哪個大學呢？芝加哥？哈佛？還是哥倫比亞？'據我們的了解，初到美國，最好先別到大城的大學，如芝加哥、紐約等。一入大城，師生接觸少，很容易迷失目標，不如先入小城的好大學。這樣其中之一就是密西根大學，語言學又負盛名。如此就決定了我前途的方向,入密西根。"

9 密西根大學歲月(一九二四年)
(方桂口述)

密西根大學(University of Michigan)名氣很大,可是坐落在一個小城安娜波兒(Ann Arbor)裡。居民約四萬人,其中一半都是大學的師生,或者是學校工作人員。那裡有很好的語音學和語言學計劃。一九二四年我就直奔密西根大學,入插班預科讀兩年大學。這兩年的大學生活,是我到美國後最輕鬆愉快的一段學生生活。這裡的學生活動很多:那時十大足球隊密西根(Michigan)、明尼蘇達(Minnesota)、印第安納(Indiana)等等,那些出名的球隊每週末都在本校比賽,競爭非常激烈出色!密大的音樂系也是當時的權威系,每年舉行春季歌舞演奏大會,各城各大學的藝術人才雲集,真是美不勝收!身為一個中國的苦讀生,到此真是大開眼界!而且校中鼓勵學生參加課外活動,因此球賽,音樂票券都包括在學費以內,反正不再另外出錢。在這種季節,我是拋開書本,場場必到,盡量享受美好的人生!(他敘述這些事時,眉飛色舞,青年的愉悦,立刻呈現在他那略顯皺紋的臉上!)

在六十多年以前,密西根大學研究語言學的方法,跟現在頗為不同。我那時做研究,是要熟讀各種語言的經典著作,比如拉丁文學就是修讀出名的拉丁史詩《威吉爾》(Latinepic Virgil)，拉丁劇作家的柏拉圖（Plautus），德倫西（Terence），拉丁抒情詩（Latin Lyric Catullus），拉丁文學等。我用了整整一年的時光，完全鑽研拉丁文學，因為要研究拉丁的語言。這就是那時研究語言的方法。另外，要研究美國語言，要從美國歷史入手，第一得讀上古英文（Old English），以後就是中古英國方言（Middle English）。英國中古的研究，在語言學的途程上，對我可是十分重要，因為我的導師是大名鼎鼎的語言學宗師薩皮爾（Edward Sapir），他指導我如何研究中古文的方法，因為中古英文原文裡有很多種方言，他強調讀中古英文原本時，必須找出端倪，看當時作者是用哪種方言寫進去的，因此我能得到很扎實的中古英文訓練。

那時我開始懷疑，英文有一部分是日耳曼（Germanic）語言系統。同時又選了哥德語（Gothic），哥德語文就是最早的日耳曼語文。我也研究中高德文（Middle High Germany），我也讀過德國文學最出名的尼白龍根之歌（Nibelungenlied），所以我算是從英國古文學走到日耳曼語言去了。

此外，我又選了很多的哲學課程。一九二六年，我以最優等的成績 high distinction 畢業於密西根州立大學，並有另外的儀式被選為 Phi Beta Kappa 的會員，會員都有一把鑄上姓名的金鑰匙。（當時得的那把金鑰匙至今還戴在我的胸前。——徐櫻註）

10 芝加哥大學
（一九二六——一九二八年）
恩師（方桂口述）

久聞芝加哥大學(University of Chicago)是當時在語言學方面最負盛名的，我也就慕名而去，並且我一向的信仰是：追求名師，就是某位名教授在某家著名學校教他某門專長的科目。芝大當時就有好幾位名教授，語言學系的主任就是柏克先生(Prof. Carl Darling Buck)，他曾出名師門下，有好幾項名著。凡是他講的課，我都作了詳細的筆記。後來他出版了一本書叫做：希臘拉丁文法比較(Comparative Greek and Latin Grammar)。我拿出我的筆記一比，根本一模一樣。原來他書已寫好，還不滿意，非在課堂上應用一番，沒有問題了，然後付梓。於此可見前輩學者，對自己的著作是多麼仔細地千錘百煉啊！

另一位教授是布龍菲爾德先生(Prof. Leonard Bloomfield)，他的名氣也很大，有一個時期，我是他班上唯一的選課學生。再有一位是人類學系裡的一位語言學教授，愛德華‧薩皮爾(Prof. Edward Sapir)。這位老師對我這一生，影響可大了！他是印第安語言專家，但是他跟我討論很多語言學問題都是美國紅人語以外的材料。現在回想起來，他老人家是很喜歡我的。（此事是真，數十年後，有人在圖書館某一本書裡，發現薩氏給某人留的一個紙條，上寫着：

我班上有一個很聰明的中國學生。原文是：There is a clever China man in my class。可見老師還沒叫清學生的姓名，已發現他的資質。世無伯樂，哪有千里馬？——徐櫻註）一學期以後，薩氏就為我申請了洛氏基金，帶我到加州作田野調查。

我時常回想起兩位大師的作風迥然不同。兩位恩師都是好人，對人和藹，獎掖後進，而且對我更是特別慈愛！薩氏十分健談，上課以外，他會談到多少課本以外的材料，講課清晰而流利。他的英文講得漂亮而高雅。相貌並非多麼瀟灑，而講課時的姿態同韻味，實在是吸引人，好多別科的學生都時常跑來聽課，就是要來聽他講話。

布師不太講話，上課也不好聽。有時只談談他自己擅長的學問，然後指定某些你需要讀的書。此後也從不再問起這些指定的書。比如說薩氏對某一科目，只講解二三堂課，布師就要講四五堂，甚至於個把星期。可是同樣他們二位都從不問所指定的書進行得如何，而只說他們自己研究後的結果，但是他們對於學生都十分注意。所以誰懂，誰沒懂，他們都一清二楚。我從布師學了半學期的日耳曼音韻與字體構造，那時他班上竟有三人。一天，他指定那二位同學說："你們可以寫日耳曼語言的短文，可從書中指出主要的變化，記着每個變化都要舉例。"他笑了一笑，向我說："你不用寫那類文章了，你寫日耳曼字的構造吧！"顯然他已知道我比其他兩人知道得多些了。（方桂言下喜形於色。）

薩師從不叫學生寫文章，他只是一個勁兒地講。每次上課,他都帶着預備好了的整整齊齊的小卡片,一個勁兒地往學生肚子裡灌材料。他不叫人寫文章,也從不考試。(在座的年輕人培德,林德,陳寧萍,羅仁地都大叫,說又不寫文章,又不考試,這真是好制度啊!)

以後那兩位同學退課了。布師班上只有我一個人了,他又指定好多我需要讀的書,我又寫了指定書中的各種應用的變化等等,布師看了很高興,說這些分析和比較及形成,還沒有人那麼做過。問我:"你願意發表這些材料成為你的論文嗎?"我這時才告訴老師我的論文已經寫好了。那是初次跟隨薩老師調查紅印第安語言後,寫了報告,薩老師看了,也是十分欣賞,說是以前沒有人做過,也叫我發表成了博士論文了。布老師聽了,十分欣喜,點頭稱贊:"很好!很好!"(可見兩位老師不謀而合,所見略同。一個天才學生,老師都要爭相提拔。可惜世上的天才學生少而又少,因材施教的好老師也少而又少啊!——徐櫻註)

11　三位恩師

(方桂口述)

Edward Sapir, *Carl Darling Buck*,
Leonard Bloomfield

薩老師對我影響最深,受恩也最重,可是對他老人家的回報也最少,因他壽短!我自一九二七年在美國同他一別,直到一九三七年我受耶魯大學之聘為客座兩年,到紐約去拜會他，薩老師已經是患了心臟病的末期，睡在醫院裡了。他那時才五十來歲。我回國以前，他就想把我留在美國，可以時相會晤。那時在美國讀書的中國人，一得到學位，就都立刻回國了。十年以後，我竟受聘回美，老師以我為榮，又看我帶了妻子兒女全家在他病榻前問安，他十分高興！曾給師母帶了中國繡花外褂，前年會到他們的五位兒女，那件外褂還傳留給他們的小兒媳婦。她握着我的手說："老夫婦在世時，曾屢次提到這個送外褂的人是老師一生最得意的門徒，原來就是你們兩人啊！聞名多年，今天幸會，老人若在，該是多麼歡喜！我一有機會就穿那件漂亮的外褂，老人一看見，就想起就提起你們。"我們聽了非常傷感，因為一九三七年我們到了美國以後，只探望了老師三四次，他就歸道山了！

布老師歲數不大，也不過才到七十歲。我在耶魯曾有一次公開演講，有兩個人扶架着老師，跌跌撞撞來到會場，他那時已不太能行動了。講後他擁抱着我，老淚縱橫，聲音顫抖着說："沒想到有生之年還能聽到我後期的學生演講，成名成家。"那一幕感人的場面，全會場的聽衆，都為之動容，喝彩！不久布老師也過世了！唉！……

密西根柏克老師最長壽，他是印歐（Indo-European）學者，一直住在安娜波兒到九十多歲。一九七三年密西根大學頒給我榮譽博士學位，老人來參加祝賀，還上臺講話，請我們夫婦回他的家吃飯。師母把她年輕時由中國帶回來的黃緞子團龍的圍巾親自披在徐櫻身上說："祝福你也像我一樣,這條圍巾可用到九十歲!"數年後,老兩口子也相繼去世了!

提起薩老師,我還有一事得說說。由於首次的調查工作,老師十分欣賞,他又想個好地方帶我去。這一次是加利福尼亞州的由瑞卡城(Eureka)。那裡人烟稀少,生活清苦,不易深入。他正在壯年,不怕艱險,又有我這個小夥子隨行,師生二人欣然上路。到了邊界,加利福尼亞州拒絕中國人入境,因為數十年前曾發生過一段事故。

且說邊境被阻,只好打電報回芝加哥大學求救。大學特向政府交涉,說這種語言,已快絕種,因學術上的重要,特派某人入境研究作實地的調查,務請關卡放行。電報回來後,順利入境,老師說已到目的地,要我好自為之,他要到別處公幹去了。

雖然入境,可是距離紅印第安人保留區域(Indian Reservation)尚遠,而且交通不便,非要步行或者騎馬才能到達。於是我就找到一家旅館,卸下行李,安步當車,走訪紅人區域。走了好大一程,前途尚渺,我又向居民借了一匹馬,繼續奔馳,幾經詢問,居然找到了這一族紅人。那時只有父子二人了,還有一個遠房親戚,真正能說這種語言的,僅此三人而已。父親已年過七十,老態龍鍾,只有這位兒子充當發音人。去了兩天,感覺往返費時,工作緩慢,就請他到旅館裡來錄音。(其實就是發音,當時并無錄音機,只由我手錄寫而已。)紅人本無研究觀念,更不懂他留下的語言是何等可貴!雖付他高價,他只說家裡有事,又不來了,我只好又去找他。一輩子沒求過人的我,只有說好說歹,連求帶勸,又答應他到旅館好菜好酒招待,紅人嗜酒如命,才肯來了。這樣勉勉強強才算把錄音完成,這就是我的博士論文的原始資料。

徐櫻補述:六十年過去了。現在做研究的學者們,還是用他這份資料。數年前,林德駕車郊遊,路過一城名叫由瑞卡,她想起一個掌故。說是有個朋友告訴她,加利福尼亞州有一城也叫由瑞卡。禁止華人入境,只有你父親一人能去。是否真實,其故安在?方桂說是的,確實有此事,把五十年前作調查邊境被阻的事從頭述說:當日拒絕他入境的原因是從前有中國工人酗酒鬧事,和當地人打架,曾殺過白人。誰是誰非,無人過問,但是從此就不讓華人入境了。前因後果,就是如此,誰能想到這類絕種語言,竟讓一個不准入境的中國人記錄下來而傳留後世呢?事隔半個多世紀了,居然還留此一段傳聞。這是當時方桂坐在車上很得意的敘述,同車出遊的有丁邦新,龔煌城二人。大家聽了,都說這段往事應該詳細記載下來。

12 田野調查工作
(方桂口述)

我作調查,可真是薩老師一手訓練的。六十多年前沒有一點兒機器幫助,完全要自己耳聽得清,手記得準,而且喉舌都發音對,薩老師這三項技能都出色,因此他才能熟練多種語言，像漢藏語、緬甸文、梵文、泰文，等等，他的專長當然是紅印第安語文。他給我講課以外，會忽然問我："你讀過 Bernard Karlgren's Phonologie Chinese（高本漢的中國音韻學研究）沒有？"我說我沒有。"那你最好讀這個。那你讀了 Maspero's Le Dialecte de Tch'ang-ngan sous le T'ang（馬伯樂所著唐代長安方言）嗎？"我說我沒有。"那你也得讀。"他又叫我讀漢學書籍，泰語文法以及藏文等等，又說博物館有位主持人名 Berthold Laufer，他是很有學問的研究西藏文化的人，你該去請教請教他。我和 B 先生寫信聯絡，他很彆扭，他說他沒有任何關於西藏的東西。我想他有問題，果然不久他就跳樓自殺了。但是他告訴我說他那裡有一本耶士克（Jaeschke）的藏文字典，我可以拿去讀。我真的開始讀那本字典。

一年快過去了，薩老師給我一些美印的資料研究。當年夏季他要到北加州做田野工作，他問我可有興趣。這正是我非常想做的事，因我那時一點兒也不懂何為田野工作。他說：好，我有錢供作調查。我們師徒乘火車，一塊兒來到加州柏克來（Berkeley California），他有很多朋友在西岸。第一位見到的是克柔比兒先生（Alfred Kroeber）。薩老師很高興地告訴克先生，他帶來一個聰明的中國學生來作紅人語言調查。克先生知道我們要到的地方會有問題。問他為甚麼，他提到由瑞卡城中，虎怕城本有中國移民，中國人忽然間自己互相打起來了，當地人叫唐人戰。不幸誤傷了市長，當地人大怒，就驅逐華人出境，從此再不許華人回來了,這事可真鬧得不小。

入境時,果然發生困難,幸而薩老師神通廣大,由內政部特發公文說我是特派來作調查的。他們認為我和華府有關,不再留難。老師辦事,我並不知,等到公文來了,老師才說:"公文你拿着吧,若有問題,用它就可解決了。"

我追隨老師做了兩個星期,他怎麼做呢?我們同發音人都坐在一起,老師問他怎麼說這個,怎麼說那個。比如說我去了、他去了等等的文法問題,發音人就把問話譯成他的語言。他說,我同老師各自都記下來。整個過程老師並沒有看我的筆記,也沒問我。(方桂得意地微笑。)如此我看出門道來了。就是發音人說甚麼,你就記下甚麼,千萬不要學着他說,如果你必須學着他說的話,必要等着他把這一串話說完了以後,再仿着他說。記完後,你可以問他是這樣說嗎?他要說是,那你就記對了。如果他要說不是,那就是記得不對。你要聽得好,不要老仿着他說,你也許會說錯,他也許改正你一回、兩回。第三回再錯,他就也許說"OK,你就那麼說吧",連他也被你攪糊塗了。你要是把發音人攪糊塗了,那麼誰對誰不對誰也不知道了。你要是把他問急了,他就說:"好了,就是那樣,就是那樣。"最好寫後唸給他聽,他懂了,你就是記對了,他不懂,就壞了,就記錯了。有時候,當然也可以請他再說一次,可是別叫他重複太多。一方面他累了,二方面他煩了。他會說:"OK,就那樣,就那樣。"其實他心裡想:你反正學不會。印第安人的觀念是別種人永遠學不到他們的語言的。可是話又說回來，自有史以來，又有誰學過他們的語言呢？井蛙之見，不必厚非。這就是和發音人合作的技巧。如此兩星期從早上九時到十二時，下午到五時，晚上就整理筆記，安放卡片。虎怕小村（Hoopa Valley）十分酷熱，工作十分的辛苦！再作下去，真有些受不了了。老師說："咱們休息一會兒吧。"我說："噢！我以為咱們永遠不休息哪！好！咱們休息休息。"

我們散步到另外一個村莊，又發現了一位女士，她會說紅人的另外一種語言。"好了，咱們休息，咱們就作她這種語言吧，咱們休息！"哈哈！老師所謂的休息。

她說的是卡柔克語（Karok），和虎怕很不相同，有點兒像日本語。說到後來，就沒有聲音了，就剩了絲絲絲的了。以後又作了兩三種別的紅人語言。

不久，薩老師說："好了，你出師了。你完全熟悉如何發問，如何處理資料，如何對付發音人了。你可以獨立去找馬頭族 Mattole Indians 人去研究了。"馬頭族沿馬頭河而居，故有此名。據說馬頭族已漸絕種，只有一兩個人了。我們的研究計劃就是要記錄下這要滅絕的語言，再不搶救，以後就沒有了。事實上，我做了四五個星期以後，此族從此滅絕，我的記錄確實眼下和將來都是唯一的記錄！而這個記錄，得來也真是不易。

且說我，開頭離開虎怕，一直就向馬頭河進發，到了一個小城，名叫福納 Fortuna。雇了部計程車，到處訪問，那裡有馬頭族紅人。茫無頭緒，人言人殊，那真是大海撈針，可是世間無難事，只要有心人。有個人說了個地方，那裡也許有一兩個馬頭族人，但不知死掉了沒有。那個地方交通不發達，只有郵政卡車，有時候他們從一個村莊到另外一個村莊送信去乘的。只要有一綫希望，我就坐了郵政車追蹤而去。到一小城，名叫拍抽拉 Petrolia，此地因出油得名，到此已不能通車，前進只有步行。淺灘處處，好像杭州的名勝九溪十八澗，我只好涉水而過。正在進退維谷，歧路徘徊之時，忽見一户農家，鄉下人都是樸實善良，他不受酬，白借給我一匹馬。我不善騎，只好借一匹又瘦又矮的馬，他為我配好馬鞍跨鐙，只說回來後牽到馬圈就可以了。坐下有騎，精神百倍，又走了十幾里路，居然找到了那兩位意中人。一個很龍鍾，七十多歲，又是個瞎子，其狀甚慘。另一個也有四五十歲了。我同後者洽商發音記音之事，每天給他兩塊錢，供酒飯，到旅館來做，他對這個待遇很滿意。第二天，他來了，我才發現他是個笨人。幸而他尚能回答我一些我要知道的簡單資料。請他講個故事，那他可不會。發音人不會講故事，很是工作上的困難。（林德姊弟在旁說，可惜那個老人沒來，他一定會講故事。）

　　工作了一個月，我想也夠了，他已盡了最大的努力了，我也為這種絕語作了最大的努力，就此結束這一段兒。下一個目的就是外拉克語 Wailaki Indian。有一個小鎮，叫圓谷 Round Valley，我找到一個外拉克老頭兒，在那裡又研究了一個月，不太有意思。（培德問甚麼叫不太有意思？方桂說因為没有古怪的出奇的音調和語法，所以叫做不太有意思。——徐櫻註)總算起來,兩星期在虎怕谷,一個月在拍抽拉,一個月在圓谷。三個月的暑假就都作了研究了。我很高興登上芝加哥的歸途!

歸來後,寫了 150 頁的小冊子作為報告,呈上老師,老師甚喜!他寫了短文發表在芝加哥大學的雜誌上,專說關於這次田野工作的旅程和收穫。你們看見我的照片在那本雜誌上麼?其文說:"李方桂先生是第一個中國學生研究美國紅人語言的。他為美國人搶救了一種幾近滅絕的語言。"誠然,馬頭語天下只有我記錄的那一份啊!老師還說:"李先生是為語言學,人類學做了一件多麼重要,多麼艱苦的田野工作!"并且說明首部工作是我們合作的,以後都是我做的了。又說:"全部的調查可說是阿他巴斯坎 Athabaskan 語言三種內最完全最够分量的一個暑期的工作了。工作人薩和李。"(這張半世紀以前的新聞報告是柯蔚楠 South Coblin 教授復印寄來的,十分可感!附印於此。中國大百科全書《語言文字》裡說:李方桂是中國的在外國專修語言學的第一人。——徐櫻註)

13 布老師的工作
(方桂口述)

Leonard Bloomfield 布龍菲爾德

布老師的工作也非常可觀!那時研究語言學,只有從有限的書本裡摸索。比如說拉丁文、希臘文、德文以及上古英文等等,都是全靠書本。田野調查,已經是新方法了。布老師也是一種紅人語言的權威,他的專長是阿力崗昆語 Algonquin,他曾寫過阿語比較同歷史性的阿語音韻學,名叫《中阿語》Central Algonquin,此外還有別的族類,但他專作阿語。他也是當時紅人語言的權威,那時還有幾個人。有位包先生(Franz Boas),其實他原是德國人。還有米丘兒生(Michaelson)、克柔比兒(A Kroeber),還有哈佛的教授迪可森(Dickson)、哥達爾德(Goddard),以上都是當時的一些權威性的人物。哥君同包君據薩老師說他們的工作都不太靠得住,那毛病就出在記錄上了。薩老師同這兩君都有些不愉快,可見同行是冤家,自古中西皆然。

　　包先生,薩老師,布老師三人組成印人語言研究會。他們得了一筆錢,專為提倡研究紅人語。那個時代,根本沒有多少人研究語言學,何況紅人語言!布老師等有了這筆錢,才展開了新方法——田野調查。布老師對我很鍾愛,我被稱是他的明星學生(Star student)。他名氣很大,而有一個時期,我曾是選他課的唯一的學生。

　　學生走遍天下,投訪名師,師傅終生提拔得意徒弟,中外都是一理。我上布老師的課時,多半都是一師一徒。那種默契同相互的欣賞,不是第三者所能體會的。所以十年以後,我到耶魯大學教課,演講,才受到布老師那麼大的贊賞!此是後話。

14 博士論文
（方桂口述）

我們師徒以後就分頭調查另外的語言，暑假後，紛紛歸來。在八九月之間，我開始寫這一暑假的報告，大約年底我寫成一百五十頁的小册子。繳卷後，老師一看，大喜，他說：「好極了，這個材料從無前人做過，你的語言天才同分析能力都十分精確[①]，這篇報告就用來做你的博士論文吧。」我說：「那怎麼行啊？」薩老師說：「真奇怪！那有甚麼不行？你就到註册處申請博士候選就是了。」到註册處一申請，才知道校方還有多少關口要過哪！可不像老師說得那麼輕鬆愉快。首先得通過德、法文考試，得先到這兩系去申請。通過以後九個月，才能得學位。所以得到一九二八年才能畢業。校方覺得我這個人很特別，論文一九二七年已經寫好，為甚麼沒早來申請呢？我想好吧，我才不管哪一年畢業。既然你說那麼辦，我就那麼辦吧。我到法文系考試通過了，又到德文系。那位助教以前曾與我同班一塊兒上過課。他愣愣磕磕地問，我愣愣磕磕地答。「你來幹甚麼？」「我申請考德

[①] 寫到這裡，培德給我寄來幾頁剪書是：Regna Darnell Edward Sapir: Linguist, Anthropologist, Humanist. University of California 1990. Chapter 13. 其中數段提到方桂：Sapir considered Li's phonetic ability as accurate as his power of analysis. 薩老師認為李方桂對於語音的能力同分析都是同樣的確切。

文。""為甚麼考德文?""申請考博士。""為甚麼這時候才來?""我不知道,我反正得考。""好啦!你考吧,你考吧。"兩場通過,我已經是正式的准博士了。論文早交,不在話下。

柏克老師是本系的主任,老好人,最愛護提拔後進。他和薩布二師一商量,說:"方桂已選過印歐課程、藏文、希臘文比較、拉丁文法、上古英文、日耳曼文等等。論文已寫好,距他得學位還有好幾個月。留他在這裡幹甚麼?不是浪費人才麼?咱們送他到哈佛去吧。"柏克老師向哈佛研究院申請獎學金,那當然一說就得到了。一九二八年初,我收拾一肩行李,直奔麻省劍橋,Combridge Massachusetts 而去。

劍橋生活

到了哈佛,校方對我十分客氣。他們說你可以隨意選任何課程,也可以不選。你可以寫報告,也可以不寫。但是來此最高學府,不選課,不寫文章,又作甚麼呢?隨尊意吧!這都是些妙人妙語!

在哈佛當然不修語言學,其他名氣大,但語言學不是那裡的權威科目。但語言系的主任也是個印歐學者,克拉克先生 Walter E Clark。還有頗有名氣的梵文教授何斯丁 Stäel von Holstein。我從他讀梵文佛經,是他同一個西藏人合譯的課本。梵文研究是蘭門教授 Charles R Lanman 最初提倡的。某一種學問的提倡發起人,都不可不記着,因他們都不免經過許多的艱辛啊!我在那裡還學了點兒伏陀語 Vedic 和藏文等等。哈佛還藏有梵文,藏文的中文譯本。

在哈佛共遊學半年，我想夠了。我和哈佛大學告辭，說要到歐洲瞻仰瞻仰。哈佛校方說："你想高就，我們不強留，那就請吧！"就此揭過哈佛的一頁。

回到芝加哥，我得了學位。一九二九年春，我從紐約上船漫遊歐洲。歐洲三月之遊，第一到了德國，我會到了著名的大音樂家，姓名可是我忘了。林德說亥兒蕬格 von Hornbostel。到法國又見到他。他專門搜集民間歌謠唱片，那時剛有那種初級的錄音機，用一種臘製的圓筒，可以錄音。他請我回國帶一座，錄些民謠給他寄回來。回國後給他錄了，還錄了一些泰謠，部分給他寄到德國。希特勒 Hitler 那時在德國，正是橫行霸道的時代。亥君是猶太人，也許逃到美國去了，我寄去的那些唱片，也就如石沉大海了！

羅仁地 Randy J. LaPolla 打個岔說："您不是提到包先生給您寫介紹信帶到德國去找人的嗎?"是的，是的。包先生給我寫了兩封介紹信。一封給一個有名的中土語文 Chinese Turkestan 研究人，見面以後，他人很好，很老了，也很客氣。他說他學中文，是從滿洲文入手的。因為有很多滿譯本中國書，然後他才學中文的。那時我學起德文來，因我只能讀和寫。應用的德語，我就不太靈光了。此人既老又是德國皇家研究院的院士。他久不會客了，對我是特別垂青，也許是因為介紹人信上說到我這個特別的中國人吧。那時中國來的根本沒有幾個是讀書的。

包先生介紹的第二個人是西門教授 Walter Simon，他是英國倫敦大學（London University）遠東系教中文的。

在學術方面，我們談論得很廣。談中國話，中國語言歷史文藝，以及漢藏等問題。那時他正在寫漢藏比較問題。這時又有大牌漢學名家高本漢先生 Bernhard Karlgren 寫文在通報裡發表批評他。他曾問過我覺得高先生怎麼樣？我說我覺得他批評年輕的學者有點兒過分了。西門先生很佩服我的看法同說法。我們成了很好的朋友。我們討論語言學，討論美國各大學教中文的方法。怎麼教呢？多數是拿着本《孟子》說認字吧，然後把他譯成英文。就是二十年代的教法，跟現在完全不一樣了。以後很熟了，他又談起高先生，他又問我怎麼樣？我還是說他批評有點兒過分了。西門說："一點兒也不錯，他是有過分的傾向，不鼓勵年輕人搞他那一行。批評狠了，年輕人怕了，只好說'算了，我不研究這行了。'"

數年以後，我見到高先生，我問他覺得西門先生如何？他說："噢！我已經保薦他到倫敦大學去了。"可見前輩人對某人的批評也並不見得是壞意。以後我也小有點兒知名度。中文大學在香港成立，我被聘為校長的顧問，我想是西門先生的主意吧。

15　加拿大亥兒印第安
Hare Indians 調查
（方桂口述）

我手上還有錢，就從加拿大北部，再做一種 Hare Indians語言調查。這回我到了北極岸 Arctic Coast。到那裡已無別種交通工具，唯一就是坐船，順着麥坎西河 Mackenzie River 順流而下。從乙定盤頓 Edmonton 到好望角 Good Hope 我的目的地，需要二三個星期。（也許是記錯了。）好望角是英商何森 Hudson 的大港口。到後我開始尋訪印第安人，可是全體的人，都到一個島上打魚去了。這個季節對他們非常重要，到了冬天他們全靠這一夏天曬的魚乾兒度日。不但是人，他們用來拖雪車的狗，每隻狗也得早晚喂他一條魚乾。這時我也追蹤到島上去了，找到了工作的印第安人。那一族就叫亥兒。那裡不可久居，因為一無旅館，二無房舍，到那裡去的人，都住帳篷。我從來也沒住過帳篷，而且也不會搭帳篷。也沒有廚房。我從來也沒準備過這種原始的生活。但是既來之，則安之，想辦法吧。於是我回到城裡，向何森公司借了一個帳篷，又借了幾條毯子，連鋪加蓋。同行的一個老印第安人說："好啦！你有帳篷了。你需要支柱，才能搭起帳篷。"他就帶着我進了山林。他砍下六棵樅樹幹，他扛了四根，叫我扛兩根。他幫助我，等於是教給我支起帳篷，這就算我臨時的家。

現在有住處了，我買些罐頭的肉食同水果，因那裡沒有蔬菜同水果，我又買了一百個雞蛋。我既無爐子，也無鍋碗，只好向當地人借了一個裝煤油的空罐子。我每天進山，揀點兒枯枝乾葉，點個火，就做起飯來。煮個雞蛋，熱個罐頭甚麼的。早飯，中飯，晚飯，也就是那麼回事了。起先幾天，倒也湊合過去，慢慢地東西漸漸地吃完了。第一缺少的是麵包,麵包不能久存,不能多帶。我有些海盜乾糧 sailer's biscuits,正如我國的戚繼光餅,那雖稍可經久,但是也吃完了。向人一打聽,說是附近有個小棚子,那裡住着個打野獸的,有時可以向他借點兒。一看,他只有些麵粉,我可以用。他又不在家,怎麼辦呢?印第安人說:"不要緊,你隨便留下點兒錢,用甚麼就拿甚麼好了。"那時窮鄉僻壤的人,真君子也。有麵粉了,我做了一個餅,其硬如石,咬都咬不動,只好用刀子割成小塊兒,煮了吃。吃了幾天,別的東西都没有了,只有幾個鷄蛋,可是黃白已經合一,臭氣熏人,只好遠遠地甩掉!那就斷糧了麼? 也不盡然。我就向印第安人要魚,他們每天送我一條魚,也不要錢。那魚可真好,既鮮又肥。我把魚切成三段,早上吃魚頭,中午吃中段,晚上吃劃水。就那麼一煮,我從來没吃過那麼好的魚,雖然當時,既無葱薑,又無油酒糖醋等等,當然也没有醬油味精了。那真可以叫做全魚餐。如此者兩三個星期,以後有好幾年都不能吃魚同鷄蛋。

數星期後,這種生活是夠了,不如歸。那個地方同環境也有它的可愛同有趣的一面。那已在北極圈内,晝夜相同,不見日落。不看鐘表,根本不知道晝夜。有時所謂的夜間,只覺有一點兒暗,好像是下午一樣。北極光只像一塊雲一樣,冉冉上升,非常有趣!

當我乘船回乙定盤頓時,可慢了。因是逆流,水淺但急,船行更慢,而且時常走一小程,又給衝回原處。有一個時期,船根本停擺了,沿途又上了別的客人,大家只有乾等。

那時有個牙醫,還有別人,無事可做,吃飯閒逛,打橋牌。

我(徐櫻)問他(方桂)橋牌是哪時學的?方桂說他從上海坐船到美國,兩星期已學會打橋牌了,我說可惜那時船上沒有麻將牌,他說,美國那時還不時興打麻將,可是船從舊金山到上海,中國工人可是麻將打得很厲害啊!

16 學成歸國(一九二七年)
(方桂口述)

回芝加哥,考試通過,第三個學位到手,學業順利完成,在美國的這一頁,可告一段落。薩老師問我:"你的功德已經圓滿。你做了很扎實而豐富的印第安語言調查。你現在要做甚麼呢?""我要回國了。"老師對我的回答,十分驚訝!他有點兒惋惜地說:"也罷! 既然你願意如此,那就去吧!但是,我向洛氏基金給你申請一筆錢,夠你往返的旅費,每月二三百的用費,你回國看看。如沒有你合意的工作,即刻回來,還是回美國來吧。"薩老師說這話時,是何等熱切盼我歸來,可惜我當年不願久離鄉井,辜負老師厚望,一去不返!我當時誠惶誠恐地說:"遵命!"我拿了這筆優厚的資金,又到歐洲去見識見識。

古語說:行萬里路,讀萬卷書。真是不假。到了歐洲,別有發現,所以我又到了北極岸做了一番不可多得的研究。一九二八年尾,我搭英國皇后大船,乘風破浪,行向歸途!船上也有好多中國人,但我坐的官艙,其他人大多坐統艙。

統艙的乘客玩意兒很多,多數是賭錢。有時玩的,我想書上叫做猜枚。我從前不懂,這時我才想起,就是把錢下在桌上,然後猜正面或反面。把錢往上一扔,猜中了就贏,否則就輸了。玩得非常簡單,可是勝負的數目十分不小,動輒百千元。有些勞工,苦幹了十年八年,滿載而歸,預備成家立業,結果船還沒靠岸,把血汗換來的金錢,輸個精光,無顏回家,只好坐了原船,回到美國,再去苦幹。人的貪心,造成種種痛苦!我(徐櫻)就問他(方桂):"你輸了沒有?你把洛氏基金給你的資金,輸掉了多少?"方桂說:"我才沒輸,那都是統艙的旅客,一些勞工,才幹那種蠢事,我有我的朋友,我們在船上各處看看玩玩,才不輸錢。"

異國奔波的生活,到此告一階段。

17　中央研究院(一九二八年)
(方桂口述)

船到上海,才一靠岸,就有中央研究院院長蔡元培先生的代表拿了名片,到船上來歡迎我。那時國內的同行,只有趙元任一人。行前我曾和他通過信,說我要回國了。我猜想一定是他,向蔡先生提過了。蔡院長是極有學問又禮賢下士的長者,對於一個二十七歲回國還沒下船的小夥子,竟那麼鄭重其事地派代表接船,我當然很是受寵若驚!定好了旅館,好像是滄州飯店。第二天就請我到他府上吃飯。陪客中有很多大人物。在座的有:楊杏佛總幹事,地質學家李四光,歷史語言研究所的所長傅斯年,大家談得非常愉快。當天中央研究院歷史語言研究所就聘請我為專任研究員。我說我不能應聘,因為我還用着洛氏基金的錢吶,算是洛氏基金的職員。大家說:"好吧,你暫時還算洛氏基金的人,但是可以接受我們的聘請和名義,這對於你旅行做調查有便利,否則國內的人說甚麼是洛氏基金啊?"(那個時代的人是多麼樸實而天真!)"那好吧,我接受聘請而不支薪。"如此我就進了中央研究院,一輩子也算沒離過職。出外講學,名義上算是請假。

趙元任、李方桂、楊時逢在一起(約三十年代)

由上海到了北京,見到趙元任,還有別的研究語言學的人。趙元任是研究漢語方言的大宗師。不久,二三星期後,我又回到上海,又到廣東。我找找在南方有甚麼可做的,後來聽說廣東一帶有瑤人語。忽然我想到海南島去,那時到海南島很費周折,手上有錢就不怕困難。先到香港,再從香港換船到海南島,港口就叫海口市。那裡就是海南方言的區域。我發現他們的發音中,有很有趣的變化。我發現緬甸,泰國都有些類似的音調,術語上叫做閉壓音,也可以說它是內吸音 implosive,我從來不知道有這種音。我又深入一些,到了靈高,又到了海口,到此為止,山上是不能去的。一月有餘,打回頭了。我又回到廣東,又找到了海南發音人。我想在這簡單的語言上做些試驗。從廣東醫學院借了點兒機件,我做了非常原始的工具,就是用一個洋鐵烟筒,筒的一頭,開個小洞,插入一截橡皮管,然後用嘴對着橡皮管吹氣,針就上揚,吸氣針就下降。我和那個海南島人合作的試驗,果然很成功。關於這個試驗,我給中央研究院做了報告。證明他們的發音有時是吸氣的。(這雖是一個小小的方桂所謂的原始工具,但物理的基本原理和運用,不能說不在其中。——徐櫻註)

　　海南島的一段兒完畢,我又回到北京。中央研究院又提前議請我做研究員。我接受了正式的邀請,寫信給洛氏基金會,告訴他們我已受聘,不再需要他們的資助金了。事實上,我用着洛氏基金錢時,就是做的中央研究院的事,因此中央研究院的人,後來都說我進所時是帶着嫁妝來的。

　　中央研究院的好處是從不限定人做甚麼題目,你能研究甚麼,就隨意研究甚麼。我那時就決定繼續研究語言學。趙元任那時研究中國方言,後來被稱為漢語之父。我想這方面一人領導就夠了,那我就開始搞藏語。我還寫了藏族開始發展之事。在那個時代,可是個新鮮題材。我又做了點兒上古音韻等,因為這不在趙氏題材之內,他做的是中國方言,我覺得我需要向非漢語進攻,可有好多選擇,比如土耳其語、藏語、還有廣西的傣語等等。那時入藏不易,因達賴喇嘛不歡迎中國政府的人民入境。那麼我想去的地方還有貴州、廣西、雲南。這三處都因政治問題不能去。我要研究傣語,那麼就先到泰國熟習泰語吧。

18 喜相逢(一九二九年)

方桂一踏入國門,就被傅斯年所長羅致進史語所,任最高的專任研究員,終其一生,也沒升遷,也沒離開這個崗位。離職教書,都算是告假性質。職業一定,當然就要成家了。方桂進所時二十八歲,是年輕一輩的單身學人,又是留美的金字招牌,真是第一好對象。

第一設宴的是趙元任夫婦,座中有他們的內侄女楊小姐。第二次為他設宴的是中央研究院的總幹事丁文江先生夫婦,座中有他們的內侄女史小姐。此二人都正是綺年玉貌,當日的經過,正如方桂和姜聯成先生的一段閒談,敘明。姜說:是在一九八零年的某一天,我和李先生談得很起勁,我建議他回憶一下,五六十年以前,中國高級知識分子談情說愛的事,却沒想到他說了一段自己的故事。他說一九二七年他得了博士學位,於翌年到北京,由於趙元任傅斯年二人推薦進了中央研究院。到達北京的第二天,趙元任夫人楊步偉女士宴客,入席的方式是抽簽對號,而他恰巧和一位年輕美貌的小姐配對。事實上,這是楊步偉有意的安排,那位小姐就是她的侄女,她有意促成這一對才貌雙全的年輕人匹配成雙。

過了幾天,丁文江夫婦也宴客,也安排了一位年輕小姐比肩而坐,是丁君的內侄女又是義女,丁也屬意他這位年輕博士!趙丁兩家都希望能有進一步的發展。以後大家會面時都追問李氏對小姐們的印象如何?李則訕訕地笑笑,不置可否,對方也不便追問得太急。就這樣拖拖拉拉,數月過去了,朋友之間忽然謠傳出來,李方桂有女朋友了!而這個女朋友又不是這個圈圈裡的人,她究竟是何許人呢?大家都不免納悶!

不久,好事者打聽出來了,李方桂的女朋友原來是民初安福系名將徐樹錚之女徐櫻。由於李家的世交王軾通先生和徐家是兒女姻親,王姻伯和方桂的父親又是年誼,三家一連起來,都是自己人,因此在衆多的提親當中,王氏的力量是高於一切的。但是徐家的情形十分複雜,當時我母心願未了,就是三哥和我還沒娶嫁,她想在她的交遊中,給我們物色對象。那時對我們兄妹有意的,很有不少新舊參半的人,但都被大哥嫂否決了,而大哥嫂對我們兩人的婚姻也十分熱心,更希望在他們欣賞的人中選擇,但來者又被我母親拒絕。那真是《遊園》中所謂的:選名門,一例一例裡神仙眷,把青春抛得遠。

直到後來，山西李方桂出現了。是王姻伯登門正式提親了，他深知李氏世代既是官宦又是書香，方桂之姊李漪又是大嫂同學，兩三代的年誼，久已賞識方桂，如今已學成回國，第一步就進入中央研究院。他向我母力保此人前途無限，萬不可坐失良機。我母在猶豫不決中，她要相親，一場《甘露寺》上演了，大哥帶了李方桂登堂拜母。我母可沒有前輩古人吳國太的那種決斷和好對付，她認為李氏雖然歷代高官，可是現在家境并非富有。方桂雖然是鼻高額廣，儀表堂堂，但不像我哥哥們那般清秀瀟灑，又比我年長八歲。母親很有點兒挑剔，情形不太樂觀了，大哥嫂都不太高興，尤其是大嫂怪我母太辜負了她和她父親的關切同努力！

　　婚事表面上暫緩，但是大哥很喜歡方桂，過從很近，大哥教了方桂一支半崑曲，《彈詞》裡的《一枝花》，方桂學得極好。他唱得蒼涼悲壯，音色極夠氣派，運腔吐字，也合尺寸，大哥十分欣賞，認為是個得意的高足！《九轉貨郎兒》沒太學到家，還是後來我又教他的，此是後話。崑曲方面既有了點兒師徒之誼，大哥更喜歡他了。大哥曾向我屢次進言，又安排了和我會面。

　　方桂和我初次相逢，是在一個很有名的飯店雨花臺，他請吃晚飯。只有大哥嫂在座。那時正是深秋，我穿了一件墨綠法國花緞旗袍，黑絲絨大衣，襟上斜插一朵淡黃蟹爪菊花。飯後到他家小坐，那正是大甜水井九號。只覺得層層院落，曲折有致，而對於他這個人的形象反而模糊，也許是太緊張又害怕的緣故吧！大哥嫂和他談天說地，還用他的蠟筒錄音機錄音留念，叫我講話，我可講不出來，這是我生平第一次那麼緊張，直玩到深夜回家，我才發現我襟上的菊花不知何時丟掉了。匆匆一面，誰敢說有甚麼深刻的了解呢？我母雖是早期的日本留學生，可是持家十分的半新舊。新是對男孩子極端新潮，甚麼都有自由。女孩子則要嚴守家規，哪有交男朋友講戀愛的權利和自由！我怎敢輕置可否？當時母親和我都說等三哥從德國回來再決定。在這種低蕩的情形之下，大哥嫂想撤退了！而且方桂有老母在堂，思想開明，對她這個幼子一向寵愛自負。今日學成回國，既有輝煌的學歷，又有錦繡的前程，金色的年華，儀表翩翩。時下的女孩子們，誰不願意被這種人物追求呢？偏偏又碰上我們這頑固又不識時務的家庭，一開始就推三阻四，拿拿捏捏，因此她老人家十分的不愉快！主張改弦易轍，不要拒絕別家的提親，以免錯過好姻緣。雖有此議，方桂有他的主張，並沒有其他的發展。老人家曾向大嫂抱怨多少次，但也無奈何！和我家的關係拖拖拉拉，若斷若續，轉眼三年，這段姻緣眼看就是渺渺茫茫了。

且說這段婚姻既然渺渺茫茫，怎麼又能若斷若續呢？原因是我母既然對方桂有挑剔，大哥嫂只有向我進言了。我又有三個阻力。第一，我沒有交友的自由。第二，對我自己的判斷力也不夠確切。第三，三哥出洋時曾告誡我，交男朋友有困難時，等他回來再決定。而對我最大的阻力，還是第一件。無單獨交友的自由，怎麼能發生感情？怎麼能達到戀愛？此事就低蕩下來，即所謂的若斷了。在這若斷的三年中,有一個救星,此人是王蔭泰的德籍夫人王大嫂。她是大哥的大舅嫂,她也很喜歡方桂,她對這件事一力促成。她那時是外交部長的太太,她喜歡交際,好熱鬧,每星期家裡有宴會。中外官員、老少學者,還有一群一夥的青年男女們常到她家聚會,談戀愛,做成不少對好姻緣。逢到感恩節啦,聖誕節啦,情人節啦,這些洋日子,他都請方桂同我參加。我母親很喜歡王大嫂,說德國人肯說中國話,肯給中國老人家磕頭,必是好人。所以一聽說是王大嫂請我,必看着我打扮得漂漂亮亮地參加。到王家總不外是吃茶、吃飯、聽音樂、跳舞等等,最主要的一次是遊妙峰山。這是個三天兩夜的旅程,一夥子也有二三十人,野餐、宿廟、拜佛、唱歌等等活動。大家都是成群在一起的,並無任何單獨行動。那天正在登山時,忽然間,雷光閃電,大雨傾盆!山路立刻泥濘滑蹉,一出溜就是好幾步滑下去,有時甚至倒臥在泥窩裡,好在我們這群年輕人並不為這陣雨同這條泥路而氣餒,依然是嘻嘻哈哈的,一邊走,一邊嚷,一邊滑,跌跌撞撞蹣跚而行。這時方桂不知哪裡來的靈機,忽然不離我的身旁。我滑,他扶我;我摔,他拉我。起先他還有點兒腼腆,見我不拒絕,索性挽着我的膀子並肩而行了!大家一起哄,索性故意把我擠倒、碰倒。再過一陣子,前進的緊向前,落後的偏落後。不知何時,竟剩下我們兩個人和大家脫了隊了!這可是個大好的機會,彼此都緊緊地把握!

經過這次旅行,事情就頗明朗化了。以後凡是有這種活動,吃茶,吃飯,總推我們兩人坐在一塊兒。唱歌跳舞時,那幫年輕的朋友們總是怪腔怪調,亂說亂嚷,不然就是轟隆一下子,跑得無影無蹤了。如此感情上確實近了一大步。而我還是得嚴守家規,不敢獨自行動!

西山佛地

可巧此年夏季大侄福申肺病轉深,醫生叫他到高山養病,否則秋季需要休學。那年母親回徐州料理田產,大哥嫂須在家留守,於是派我帶了福申、福宜、美妹、蘭妹和兩個女工,借住西山八大處之一的觀音廟後院過夏。廟雖不大,可是禪房整潔,花木扶疏。禁止遊人香客,清靜幽雅。或在本廟散步,或到他廟隨喜,都是不遠不近的距離。那真是一個讀書、養病和談戀愛的好地方。

這時方桂的姊姊李漪也從上海回來度假探母。她徵了大哥嫂的同意,帶了方桂數次上山來訪我,一來就住個三五日。漪姊真會做媒人,她既帶方桂來,她行動都有計劃。我們如果提議明早觀日,她必晚起,若說今晚步月,她必早睡,若出外遊逛,她總說腳痛,騎匹毛驢遠遠地走着,隨時隨地給我們製造機會。如此在一個皎月之夜,方桂一膝着地了!說出了他第一聲同末一聲:"我愛你!"並且把他的 PBK 金鑰匙捧給我。向我表示他對我的愛如真金。我手足無措了,竟而淚如雨下! 莫名其妙的他也吻了我的雙手落淚! 不知過了多久,我才說:"金鑰匙我暫時收下。"(這把金鑰匙就是 Phi Beta Kappa 成績優秀的美國大學生所組成的榮譽學會。畢業成績超群被選入會,有金鑰匙,有金領帶夾或別針,刻有 PBK 三個字母,佩戴起來,是終身的榮譽和驕傲。誰知這一收下,我戴在胸前,一恍就是五十八年了。)現在我兩人總算已有默契,我說對任何人都不能宣布,必須等我三哥回來,他無異議,才能正式定婚。現在回想,方桂真能容讓！當時我心裡暗想,三哥回來後,若是發現你不好,我還有退步啊！今日看來,這是何等幼稚的想法？多年以後,我曾把這話告訴他,以為他會生氣。他不但沒有生氣,還說了一句可惡的話。他說:"人要是不犯一陣兒糊塗,誰能結婚？"我聽了這話,可不自在,立刻問他:"你和我結婚,原來是一時犯了糊塗,等那陣糊塗勁兒過去,豈不要後悔一輩子？"他連忙說:"沒有！沒有！我一輩子都沒有後悔過！"多年以來,我常在朋友面前開他這句玩笑。大家都說:"該打！該打！說風涼話,娶這麼個好太太,你倒是真會糊塗啊！"

西山避暑之後,三哥回國之前,還頗有一段時間。一回到北京市我又不自由了。兩家住得雖然近在咫尺,而相隔却似天涯。只好由我隨時通個電話,以慰相思。電話中他又沒有多少話說,兩次三番說了再見,他還是緊握着聽筒不肯放下,一定要磨得我說個時候會他才罷。現在說起來可笑,那真是幽會啊！那麼在甚麼時候幽會呢？只有蹺課了。而我上下學家裡都有汽車接送,因為妹妹侄子五個人一塊兒來去,極不自由。只好到了學校再溜出來,找他玩個半天,再跑回學校等車來接。講戀愛的時間,可跑得飛快啊！有一回車竟先到了,等了我多時,糟了！漏了餡兒了！經過這次以後,我也有了新主意。下次再蹺課和他出來,索性告訴家裡有同學約吃中飯,下午放學再來接。司機都是大哥親自訓練出來油頭滑面跑上房的小夥子,比猴子還精。叫他下午來接,他不是做個鬼臉兒,就是怪裡怪氣地說聲:"咋!"他很知道和小姐們開個小玩笑,你不但不好意思責怪他,還得給他點兒烟錢酒錢的,以免他去胡說八道。

熱狗

到哪兒去玩呢?有時到他家去坐坐,李家人很開明,也很識相,擺上茶點水果,這一上午,就再沒有人來打擾了。有時出去吃個中飯,普通飯館不敢去,怕碰見我家的熟人。北京市有三家有名的西餐館,那就是:正昌、北京飯店、六國飯店。我那時可真怯,在這種豪華的飯店,我只會點個熱狗(hot dog)。後來方桂告訴我,在國外熱狗是上不得臺盤的,而且吃熱狗也不典雅。他就給我點了名貴的牛排、火鷄等。後來我到了美國,我才知道熱狗是怎麼回事兒。在大飯店老點貴菜吧,又怕他沒有多少錢。可是等他拿出烟來敬我,教我抽烟,嗬!一看不是三五,就是 Lucky Strike。以後才知道他不但有錢,還是拿的洋薪水。冬天來了,就下午蹺課,到北海公園去溜冰。彼此都是新學,一摔就是十幾個筋斗,年輕人誰也不在乎,爬起來再溜就是了。如此往還大約有半年之久。

允親

正在這時,一九三一年春日,三哥回國了。一聽有李方桂其人，他急於要會晤。這一次大哥嫂不敢像以前那麼熱心了，這等於是第二次相親，如果再不入選，蹉跎三年，他們如何向李家交代？現在回想，才體會到大哥嫂當時的尷尬局面。沒想到三哥和方桂一見如故，大為欣賞，宣稱這是最佳的人選！並且慶幸三年的時光，真虧他能够痴痴地等，真是良緣天定，立刻商量允親了。

娘親經三哥一拿主意，才對於方桂這個人將信將疑的看成未來的女婿了！但是又為我未來的歲月顧慮。

她向三哥說："你妹妹在家嬌生慣養，李家現今並非富有，生活要是過得不富裕，她怎麼受得了？"

三哥說："方桂有好職業，家境富有不富有，並非問題。"

"中央研究院是個什麼新設的機構？我怎麼從來沒聽說過？誰知道能維持多久？"

"啊呀！中央研究院是最近才成立的最高的學府呀！您怎麼會不放心呢？他既有進中央研究院資格，哪一家大學他都可以去教書的。"

"哪個大學都要人教語言學麼？這倒是個什麼科目呢？我很不懂啊！"

"這個科目不但您不懂，現在很多人都還不懂，那就是研究人說話。"

"真荒唐！除了啞吧，誰生來不會說話？有什麼研究頭？有幾個人沒事做，要去研究人說話？"

"是啊！所以沒有幾個人去研究人說話，現在是冷門，沒有多少人注意到這門學問，將來說不定他會成為專家或者權威呢?"(三哥真有遠見啊！幸而他言中。)

"噢！如此說來,並非沒有前途,大學裏是會需要這種人才。不過大學裏停了聘,又怎麼辦?"

"那他可以寫書,賣書。"娘可慌了！她說:"他要寫書不成或不好,賣給誰？誰見過幾個賣書的人能養家活口？你妹妹豈非苦矣!"

三哥真被她老人家盤問的有些不耐煩了,他着急的搶着說:"咳！娘。您儘管放心,若真有那一天,我負責,我們兄弟們幫忙就是了,只要我有飯吃,不會看着妹妹受罪!"母親才不說什麼了,她所要聽的就是最後那一句話啊!

訂婚的方式,我母親要求從古禮提媒、應聘、行盤、過禮等等繁文縟節。她怕留學生國外藏着個洋太太,一旦鬧了來,好不認賬。也許是趙五娘的戲看怕了的緣故吧。擇吉日於五月十二日訂婚。這個儀式過後,兩家的往來較前親密了,但那也只是限於哥哥們請客有方桂。他算是在我家親友中曝足了光,可是方桂要帶我到他的朋友中亮亮相,還是辦不到。這一點他很認為遺憾！我母家規嚴得不近人情,她只是固執己見,她從沒想到若因此而造成不良後果,豈不冤哉枉也？幸而方桂寬宏大量,也沒太計較。倒是後來朋友們告訴我,幾次大宴會,方桂不能帶女朋友來,他很不得勁兒。我聽了,倒是多少年來耿耿於心！幸而佳期不遠,置辦妝奩,安排儀式,很快地也就到了他所盼的這一天了!

良緣

一九三二年八月二十一日李方桂、徐櫻在北京北海公園董事會,由胡適之先生福證舉行婚禮。

洞房之夜,方桂獻給我一枝壓扁了的菊花。原來就是初次相逢,我襟上佩戴後來落在他家的那一朵!這一方面可說是姻緣前定,雖有波折依然能平安達到目的;二方面可見方桂口頭上是極不善於表達的一個人,而他的情深意切,不經考驗是難以領會的!這一段婚姻風平浪靜度過五十五年!俚句悼方桂篇裡有:相逢三秋後,情鍾一菊緣!方桂過世前夕是他的生日,過世當天正是我們的結婚紀念日!悲夫痛哉!

其他詳情載於拙著《寸草悲》及本書《遊峨嵋》篇中。

19 先花後果(一九三二年)

一九三二年秋冬之際,日本野心勃勃,在瀋陽發難,北京受到莫大的威脅,尤其是歷史語言研究所,因為出土文物,龜殼兒瓦片兒都不能受到損傷。這時全所倉促離京,搬到上海暫時落腳,人心惶惶,可以說是沒做多少研究。我家可是有一宗大喜事,大女林德於一九三三年五月十七日在上海紅十字醫院出生!在我們初為人父母的人來說,真有點兒莫名所以!我因生產有困難,漪姊是本院病理科教授,她不願我受一點兒委屈,因此施了手術,及至清醒,朦朧間看見大瓶的紅玫瑰,方桂坐在花下,聽見我轉側,他跑到牀邊,那種驚喜不知所措的神情,真令人感動!我臨產的艱苦,也好像有再世為人的悲慟!兩人擁抱大哭!等護士抱進嬰兒一看,那個小臉蛋兒長得和方桂一模一樣!只是具體而微罷了,不禁又相視大笑!半個世紀以前的悲喜,至今提起,我依舊怦然心動!林德幼時有很多可說可記的事,詳拙文《慶兒五十》篇中。

那時方桂已到過海南島研究過傣語,窮究其源;那年冬天他到泰國三個月研究泰語,這是他首次訪泰,從此就奠下他泰文權威的基礎!

20　首次訪泰(一九三三年)
(方桂口述)

我向趙元任先生提議,要去訪泰,他極贊成。他說:"好吧,薪水以外,再加經費,你願意到哪兒就到哪兒,你願意研究甚麼就研究甚麼。"我想由上海到泰國,但是沒有那麼容易,因為中泰沒有邦交,得先到新加坡。到了新加坡,見到了中國總領事、泰國總領事,還見到一位流亡王子,名牙代木壤 Phya Damrong,他是泰王叔叔,因政治矛盾而流亡在外。他非常謙和,也頗有學問。他還給我介紹另一位泰國的王子。我由此坐火車到曼谷。我租到一幢二層樓的小房子。那時每月不過二十元。又請到一男一女兩位教師(他們倒都是教員),我學泰語,習泰文,唸泰詩,讀泰歷史。他們都說:"太難,你不能讀。"我才不怕,照樣積極地工作了三個月。雖然各方面都不太好,對於泰國的語言、文化、詩歌、歷史等,我都有個概念。

這不過是我研究泰文的開始,以後幾年,又去了幾次。這是我幾十年以後寫的泰語手册 A Handbook of Comparative Tai 1977 的基本工作。

21 翻譯高本漢的《中國音韻學研究》
Etudes Sur La Phonologie
Chinoise Klas
Bernhard Johannes Karlgren
（一九三一——一九三四年）

高本漢的原書是法文寫的,趙元任認為中國學者學生普遍都能讀英文,法文就不太普遍了,因此他寫信和高君商討,是否可以允許他們翻成中文。高君很客氣地說他的書似乎不值得中國學者把他譯成中文。

此書作者贈序一文裡有節錄的幾句:中國民族史上的研究工作何等的大,一個西洋人再要想在這上面擔任多大一部分工作,現在其實已經不是時候了。中國新興的一班學者,他們的才力學識既比得上清代的大師顧炎武、段玉裁、王念孫、俞樾、孫詒讓、吳大澂等,同時又能充分運用近代文史語言學的工具。一個西洋人怎麼能妄想跟他們競爭呐?他們既有充分的理解,又有全部的圖書。他們當然可以研究到中國文化的一切方面。我只能在這個大範圍方面選擇一小部分,作深徹的研究,求適度的貢獻而已。我向所有贊助這個翻譯工作的人,表示我深摯的謝意,並實在覺得光榮之至!

趙元任、羅常培、李方桂三位全是在這門學問裡極淵博的工作者。對於中國語言史上都有重要的論著,全給過我許多益處。三位先生在這部書上,犧牲了這麼多寶貴的時間,是我少年時代生的一個小孩子,能夠在他的本鄉裡得到一條新生命,使我非常感動!而且我很過意不去,我恐怕這部書並不值得費這麼大的事! ……

高先生這部書的序文,可以看出譯書是件大事,而大學者是這樣的謙虛。方桂對於這份工作的嚴肅及成果的重視,在他自己的敘述裡也可見一斑。

方桂這樣說:"這部翻譯是趙先生作的頭一部分,他於這時又被派到美國做學生監督,那麼這件事就落在我和羅常培頭上。而我們三人的口語和運用的名詞又有很多不盡相同之處,因此又由丁聲樹先生總其大成,把前後劃一,編成整體。他的功不可沒。"

(丁聲樹也是史語所的一位幹員。做事認真,學問淵博,可惜從一九七八年得病,十年後在北京協和醫院過世了。享年七十八歲。身後遺有妻女及外孫女各一人。我在此一併悼念他。——徐櫻註)

22　丁聲樹的半封信

我認識丁聲樹梧梓先生是在一九三二年。雖認識却不熟識，只知道其為人頗拘泥而樸實，無任何嗜好。不但和烟酒無緣，就是文人們所喜好的音樂、棋弈、牌等他都不置一顧。終日除了讀書，還是讀書，所以同仁們都戲呼他丁聖人。

歷史語言研究所是中央研究院中的大所。共分四組：歷史，語言，考古，人類。同仁衆多，只有本組的人互相交往比較親密，時常有個小型的聚會。多半是在趙元任先生家或者我家，吃個便飯。太太們談談家務，孩子等等，先生們三句話不離本行，談語言學。每逢這種機會，總聽見梧梓少有的爽朗的笑聲，他侃侃而談得那麼起勁。我現在還能追憶他那神采飛揚的光景。事後他總提這種不大不小的家人聚會，他多麼快樂！

一九三三年，東北風雲變色，國事日非。中央研究院由北京搬到上海，繼而南京。大家一時都覺得身在異鄉，見面的機會比以前多些。一九三七年秋，方桂受耶魯大學之聘，我們全家出國。兩年以後我們回國，來到抗戰的後方昆明，以後又搬到四川。這幾年因避轟炸，史語所同家眷都住在鄉村的小鎮上——李莊，大家見面的機會可比以前多多了，情感方面也漸漸地親近起來，方桂和梧梓尤其是朝夕切磋，因他二人的公事房是對面，見面多了，大概有時也談些和語言學無關之事。一天，他們偶爾談到柴米問題，梧梓才知道有家眷的人和單身人收入和付出有大不相同的差別。他吃驚之下，硬要把他的米貼分贈給我們。（米貼幾乎是那時薪水的半數。）方桂和我都覺得那時家用雖緊，但量入為出，尚堪維持，沒有接受他的好意。他可不依，信件往返兩三次，他又約了我面談，以至於聲淚俱下！我深悔那時年少無知，不懂人的心理。一個大男人，深談以致落淚，其心其情，是多麼的深刻而真摯！我手中本非寬裕，何不量情接受一部分，施與受者兩有裨益，豈不皆大歡喜？我當時只是一個勁兒的婉拒，朋友尚有通財之義，何況忝為師生！事後我多日却是耿耿於懷，不能自已！然而一晃四十年，往事也漸漸地淡忘了。

史語所的所長丁邦新，真是有心人也。他在方桂的舊文件中，發現梧梓當日的半封信。他既久仰梧梓的才華及淵博，滿紙熱情洋溢，他更佩服梧梓對於師友的情懷。他了解丁李的關係，因此把信複製了，千里迢迢寄到我手。現在捧讀之下，昔日的情景宛在眼前，不禁淚下！可見當日梧梓的贈與雖沒被接受，然而方桂是久銘於心，所以才把這封信保留至今。梧梓要能知道他那時的信，四十年後還保存着，被閱讀着、欣賞着、他那時的一番真情實意，可沒有被埋沒啊！

丁夫人淑莊姊這次來美，兩訪我家，也希望了解一下梧梓當年的情況，搜集一些早年的材料。惜乎梧梓一代學人，竟因病臥牀已八年。世界上的醫藥，不斷發明，但盼奇蹟出現，能起沉疴。

前年我們回國到醫院探病，我拉着他的手，撫着他的臉，叫他："梧梓！梧梓！我們來看望你了。李方桂，徐櫻來探你的病了。你快些好起來呀！你聽見了麼？你知道麼？"

他安臥在牀上，不言不動，但是一顆珠淚順腮而下！據淑莊在旁說，他這時是真的知道我們兩人來看他了。斯人也，而有斯疾也！斯人也，而有斯疾也！這時才理會到孔夫子探學生病又無可奈何時說這兩句話的沉痛！

附丁君墨迹（丁聲樹的半封信）

方桂先生吾師左右：昨奉教言，即復寸札，請師母轉呈，意猶未盡，敢再陳一二，乞師垂照。聲樹事師座，及今已逾十年，受益之深，楮墨難盡。感激之切，畢生不忘。此均不待聲樹之啟稟，諒先生久已體察之矣！平日侍教，唯覺吾師學風之精純博大，足以開發頭角，而警喻頑鈍，故完全為吾師學風所籠罩，問難之外，不及他事。十年中略知語言研究之粗淺門徑者，無一非吾師之陶冶。所以出入師門，不敢自外。亦深幸吾師亦未嘗以外人遇之。唯以賦性拙魯，於吾師之起居生活盲乎未察，故前者一聞師語，驚愕失措，愧與悚俱，恃愛掬誠，乃有前議，期以綿薄之力，微盡弟子事師之義。非敢以此瑣屑煩瀆師座，更非聊以口頭套語為應酬話。聲樹素不慣此，想先生亦絕不作如此觀。今誦來教，似尚於聲樹之愚誠未盡察及，遂客氣而婉拒之，聲樹為之疚心不已。是以昨函重申前議，務祈俯從鄙意，稍抒聲樹之積懷，且此為事實可行之辦法，目前之米貼，聲樹實用不了，先生姑視聲樹為師家庭中之一員如何？來書婉謂受之有愧。又謂萬不敢當。似聲樹之奉教尚有……

方桂答丁夫人關淑莊訪問　徐櫻錄（一九八六）

丁聲樹先生一九三二年在北京大學畢業後，即由北京大學教授沈兼士推薦到中央研究院歷史語言研究所為助理員。那時他在漢語經史上的造詣已很淵博了。我有機會時常和他討論語言上的問題，向他請教。他為人十分謙虛謹慎，也很有見識。由他的介紹，我得與沈兼士先生諦交。遂後我曾寫了一封信給他。（沈和我的信兒於趙元任先生六十五歲紀念論文集。）

丁先生很少寫文章。據我所知，他只寫了一篇關於弗字在古代經史書中的用法，我十分欣賞這篇文章。丁先生又用了很多工夫去修訂趙元任、羅常培、李方桂等所翻譯的高本漢的《中國音韻學研究》一書。又參加了中國方言的調查，所以他在漢語方面很有研究。不久即升為歷史語言研究所的研究員，後來他赴美國耶魯大學深造，研究美國近代的語言學。在語言學方面，他可以稱為一位不可多得的人才。

23　廣西傣語研究 *Tai Dialects*
（一九三四年）

在這一段時間方桂曾經到廣西研究傣語，下面是方桂的口述：在廣西我考察了大約有十來種傣語。記錄同寫報告的有兩種：一是龍州，一是武鳴。龍州靠近安南了，是偏於廣西西南方的傣語，而武鳴也是一種重要的傣語系統。

共作了三個月而回。

回到南京,兩三年裡,我就全力把這次得來的材料,寫成為《龍州土語》、《武鳴僮語》兩本書。

事隔幾乎二十年,中國大陸上,居然把我的材料印出《上古音研究》。後來居然很快又再版。八三年回國,他們送了我幾十本,還給我九百元稿費,我大為高興!這樣不但對作者有敬意,而且這本書有人印,有人讀,還再版,說明語言學在中國是在方興未艾!

古都南京　又一喜事

第二年中央研究院在南京青凉山下鷄鳴寺旁,買了大片的地方,築起堂皇美奐的永久的中央研究院來。職員家眷等等一夥子又搬到南京。賃房的賃房,建屋的建屋,大家都認為這裡是永久的家了。誰知道天地逆旅,人生過客。家國多事,以後變化更多更難以想象!

我和方桂都算是在北京長大的,雖不是北京人,但總覺得北京是家,一旦移植到南京,不能揮去下意識的一種失落感!事實上,南京也是古都,風景名勝,韻事奇聞,更是言之不盡。又一喜事於一九三五年二月二十四日兒子培德在南京中央醫院出生。這一喜又是非同小可!因為二次生產比前更為緊張,既盼生男,又怕生女,這八九個月的祈待可是受夠了折磨!我還是在昏迷中生產,醒來又看見紅玫瑰。護士告訴我生了大胖兒子,我還是半信半疑,等護士小姐打開包被給我看時,我才相信我真是有了一男一女!詳情見拙文《慶兒四十》。這一大喜事,方桂同兩家的母親都比我還高興滿足,這當然是重男社會的觀念啦!

24 客座耶魯大學 Yale University (一九三七——一九三九年)

這可又是一樁大喜事!那時不像現在,中國人整天到美國去,進修的講學的,不絕於途。三十五歲的青年才俊,五十年前被請回美國教書,那時真是少之又少的事情!我們興奮之餘,製辦行裝,委託產業,還預備到北京拜辭兩家的母親。誰知蘆溝橋轟隆一聲,日軍的大炮,轟得全國天翻地覆,揭開抗戰的序幕!正在這舉國鼎沸之時,這兩位老太太間關萬里,都跑到南京來給我們送行。以後兩位老人也受了些抗戰之苦,真是罪過,言之話長!一九三七年耶魯大學(Yale University)聘方桂為客卿教授三年,可是中央研究院只給了他兩年的假。現在且說我們行前。

那時學界裡的中國人,到美國多半是求學的,或者是學成回國服務的,而學成回國,又帶了全家到美赴任的,却是很不多見。雖是兩年的離別,兩位母親是那樣的欣喜而又神傷。我母親還高興地發了以下的一段議論:"誰說做父母的不勢利眼?哪個孩子的成就高,就不免對哪個孩子偏愛,這是無可避免的事!現在我對這個女婿有百分之百的信心,你要一輩子好好的幫他成家立業!"母親這番訓言,我一直不敢絲毫懈怠!

星火燎原,舉國赴難,在我真有國難又兼家愁!因為兩位老親南來送行,世亂慌慌,我們怎能拋撒而去?耶魯秋季開學,多位語言學人已經紛紛選課,真是箭在弦上,欲罷不能!方桂怕南京到上海這段路程,孩子同書籍行李不能兼顧,因此決定把書籍先送上海,再回來接我們。誰知他到上海當天,火車就不按常規行駛,被截在上海回不來了,電話電報一時都斷了,我當時真是進退維谷,彷徨失措!

我母親當時就說了:"事關國際學界問題,我無能決策。去找你們的朋友中有見地的而又客觀的人商量商量。雖然現在烽火連天,但你之去留,不要以我為念,男兒志在四方,何況這又關乎方桂在國際上的聲譽呢?"這種胸襟和指示,能有幾位年老的母親有這種達人達語?雖然宗旨已定,但是哪位朋友有見地而又客觀呢?一想,再想,有了!胡適之先生住得近在咫尺。他的職務和中央研究院同耶魯大學都無關,想法一定客觀,看法一定也高人一等,並且我們結婚他又是我們的證婚人,於公於私都有不尋常的交情,我決定趨前求教。

胡先生一看見我來,就嚷嚷:"啊呀!你怎麼還在這裡?不走等甚麼?"及至跟他談到我的家愁國難,胡先生向來說他自己是不可救藥的樂觀人。在那麼嚴肅的氣氛下,他老先生還真能打起哈哈來。他說:"國難怎麼樣?家愁怎麼樣?方桂又不會抱着槍上前綫!兵慌馬亂,學問並不能救國。若有意外,還不是多饒上一個?他現在既然有機會被請出去,做學問是不分國際的。他在國外能有所表現,有所收穫,學界所得更多,快走快走!至於兩位老太太呢,你同方桂不是都有兄弟姊妹麼?你們就大可不必以天下為己任了。倒是一個年輕女人,帶了一個四歲一個兩歲的小孩兒,怎樣到達上海,倒是個大問題。目前這段路上,有轟炸掃射,若是趕上了,不堪設想!怎麼辦?怎麼辦?待我想想,有主意了!鐵道部次長張慰慈,家眷在上海,他隻身在南京供職,看他何日回家,他一個單身男人,無牽無掛,我託他保護你們母子三人上路便了。"

事理分析清楚,立刻採取行動。但我還有心願:我娘千里迢迢來送行,那年正是她老人家六十大壽,我總得過了她的生日,才能安心成行吧。胡先生說話老是那麼輕鬆愉快,他聽罷笑着說了一句洋文:"Young lady,你的主意也不少,此何時也?還有心情給母夫人做壽?可是人皆有母,我為了老太太,也得成全你的心願。"

胡先生立刻電話裡和張次長接洽。我和張君素昧生平,只因他和胡先生的友誼,慨然答應帶我,又答應等我。只表明一路上天災人禍,概不負責。二人電話裡一聲 OK,就定局了。我滿口稱謝,欣然回家。

到了壽日那天,我居然還能定了一桌全席。那時雖然人心惶惶,而兩家多情的親友們還在壽燭高燒下,登門拜壽,又匆匆離去。三哥的摯友黎公琰夫婦肯冒險留下來吃酒打牌,以娛老親!紅中白板正在歡笑中,長笛鳴了三響,又是緊急警報了。推了牌!熄了燈,我摟了培德,拉了林德,隨同大家都往牀下桌下躲避。黎明才解除警報,各自回家。我那天因心事重重,當然是大輸家,這一筆糊塗賬,轉眼半個世紀,至今也沒有算過。那天桌上的牌友,也就只我一人還在,人世滄桑,黃泉路上無老少,思之不勝感慨!

壽日一過,我心稍安。當晚張次長派車來接,正向二位母親泣別,一聲警報,大家又都慌了手腳,不過那倒打斷了離別之痛。我和張次長各抱了一個孩子,隨手搶帶了一點兒隨身行李,倉皇登車而去,這是我從家邁出遠征耶魯的第一大步!京滬快車,本只有三小時的路程,而這次却走了一天一夜。那時正是七月十七日,皓月中天,光明四射,敵機看清了地面的火車,宛如長龍,在大平原上前進,正是掃射的目標,大家慌慌張張下車躲避。張次長向來照應的人員說:"這位是我的好友李方桂太太和小孩兒,到時如我不上車,你們大家務必設法護送她到目的地。她年輕,又帶着孩子,大家多多幫忙費心!"當時我並沒感覺其嚴重性,但思及張君關切之周詳,過後才怕!因再開車時,誰上車,誰上不了車,只有天知道!次日黃昏我們居然平安到達上海!方桂看到我同孩子,悲喜不能自持,擁抱大哭!稍定心神,要給張次長介紹同道謝,哪知他完成了胡先生所託的使命,已經悄然離去!一恍五十八年,以後我們再也沒有見過張慰慈及其家人,現在斯人何處,也不可知!

1937年，在船上

在好友朱鶴年家裡住下，專等胡佛總統號放洋赴美，誰知船才到吳淞口，被日機轟炸，負傷而逃！這一陣子，我們一家四口在朱家打擾，真覺報答不盡。又等了兩星期，才又搭上另一隻大客船，好像是叫幾寧卡拉號。時機緊迫，我們只好買了頭等艙位。乘風破浪而去。同船的看到這家中國人，來美既非學生，又非開餐館和洗衣店的，而是到名牌大學教書的，不免肅然起敬，爭先向我們表示好感親近，相約跳舞、喝酒等，兩星期的航行，十分愉快，光彩！所以悼方桂俚句中有：教研平生志，遨游遍大千，華年真似水，人稱神仙眷！

25 新港新生活 New Haven

在新港兩年，其實只是十八個月。從西雅圖 Seattle, Washington 登陸，乘火車十月七日到達目的地新港耶魯大學。喬其・甘乃地教授（Prof, George Kenendy）來接。找房子、買車子、教課、理家。這十八個月的生活真是酸甜兼半，多姿多彩，實堪回憶！

盲腸炎

住家安定後不到兩星期，一夜方桂忽然腹痛很凶。那時年少毫無醫學常識，就給他喝熱湯，按摩肚子，用熱水袋。一夜疼痛有增無減，熬到九點鐘向學校求救。甘教授開車送他到醫院診視，竟是急性盲腸炎！一夜的折騰，幾乎潰爛，也等不及我簽字，立刻開刀割治，轉危為安，可算大幸！一星期後回家休養。

車禍

方桂住院時，我不但需找人看孩子，而且還得再請一位朋友開車帶我到醫院探病。我看着自己的車子不會開，真是苦惱。看孩子的小姑娘才十八歲，她倒會開車，請她教了我一次。我年輕魯莽無知，真是可怕！方桂出院後，我帶了一家大小四口，竟去練車。幸而五十年前，各處都車少人稀。還沒開行三五條街，一個右轉，我沒轉回輪盤，一下子就碰到路邊的小樹上！我的前胸擠了一下，兩個孩子從後座上顛下地來，二人彼此撞了頭，嗚嗚大哭！方桂真是一個慈祥的好人，車禍一出，他只顧照應大人孩子，但當我碰到他的手心時，他痛得大叫一聲！我這才知道他也受了傷。原來他的右手拇指脫了臼，因戴了手套，看不出來，手心凸出一個大包,像是握着一個大皮球似的。他一叫,我這才又慌了手腳,立刻又由警察送他進醫院急救,住了兩天醫院,才平安回家。

第二天大家都知道了這件事。愛節耳頓教授(Prof. Franklin Edgerton)主動來教我開車。我不想學了,他說不行,人要是開車闖了禍,必須馬上克服心靈上的恐懼,否則這輩子都不敢再摸車了。我感激他的熱誠,跟他去開了三五次。他說:"OK! 你不怕了,慢慢地練吧。"可是我也沒再練,也沒考,直到一九四六年我再來美國時,我有誓言,這次不立刻學會開車,馬上回國。五六十年後的今天,我依然有開車的快樂,真是感謝愛節耳頓先生,若非他當時的鼓勵和督促,我也許永無開車的勇氣。奉勸住在美國的主婦們,不要偷懶,要不學開車,不知要費先生多少做研究的時間,而且自己也覺着是一個大廢物。

授課

方桂上課的經驗真是苦樂參半。第一他自出道十年以來,都是做研究,從沒教過書。第二,到耶魯大學來上課的不是學生而是教員,其中還有從哈佛每週乘火車來的兩大教授:其一是葉里賽夫 Sergei Elisseef,哈佛燕京研究院的主任。另一位是魏爾教授 James Were。方桂當然是兢兢業業,雖然藝高,也不能過於大膽。兩位教授也真是捧場,兩年的課程,沒缺過一堂。後來我們都成了很好的朋友。(他們都比方桂年長七八歲。)

演戲　昆曲國劇登陸美國

一九三八年我們在耶魯大學時,那時國內戰雲密布,抗日正烈,志士仁人莫不想略盡點兒綿薄。師生們發起義務演戲,集資救國。

當時的劇作家兼導演姚莘農君正在耶魯大學戲劇系修博士。他的論文是《打漁殺家》譯編英文話劇,以備上演。而此劇一出略短,得再配合一出,才夠時間上的格式。同事中有某位洋教授,已不記其名姓,不知怎麼風聞我會唱一點兒昆曲,必要拉我出場,以襄盛舉。我那時二十八歲,藝雖不高,膽却不小,而且也義不容辭,就胡裡胡塗答應下來唱《長生殿》裡的《小宴》。

《打》劇由姚負責,不去多說了。《小宴》我這個獨角貴妃可難了,既無樂隊,又無明皇,我自顧不暇,又不會導演,這却如何是好?想打退堂鼓,衆人如何肯休?結果校長夫人西門太太 Gladys Mirrian Seymour 登門促駕,這一下子可逃不掉了。姚克怕我塌臺,也急了,他自告奮勇,扮演明皇。姚氏吳人,一家都擅昆曲,偏偏他唱平劇,攻話劇。幸他聰明又有根底,我同他一排演就會了。戲劇系裡可巧竟有《小宴》的全副行頭,只差桌圍椅披。我奩中幸有大紅緞子蘇繡的桌圍椅披,這時正好派上用場。一切皆備,但無笛如何唱曲?這可要方桂顯本領了。

有位清華老同學張喬薔君,現已八十多歲,仍住北京鐵道部宿舍。他可巧在場,他會吹洋笛,但是不會讀中國樂譜。方桂不會吹笛,但初識大哥時,曾教過他《彈詞》裡的

《一枝花》。他學習非常專心。不但學會了工尺譜,連下幾段的板眼他都揣測明白了。方桂對於學習方面,不管是任何體材,真是聰明絕頂。這時他把《小宴》裡的幾支曲都譯成五綫譜,加上板眼拍子。張君一試吹,果然就完全是昆曲的韻味了。一支洋笛,方桂再找點兒樂器,敲敲打打,算作鼓板,這就是我的樂隊了。醫學院曹醫生的太太,還有一位洋小姐扮宮娥。程誠厚博士演高力士。另一位洋教授給我推輦。就如此的七拼八湊,《小宴》竟上演了!

由於校長夫婦算發起人,各院院長響應,票價頗為昂貴。男女觀衆都規定穿晚禮服,一時間釵光鬢影,冠蓋雲集,戲院頃刻爆滿!次日新港報評說,本城人士從來沒欣賞過如此美好的中國古典的歌舞劇!我現在回想都後怕,當時若不是方桂會譯樂譜,那怎麼下得了臺呢?方桂幫我,都是在關鍵時刻,平時不覺罷了。那次捐款竟達三四千元之多。

客卿學生

初次來美,自一九三七年十月到一九三九年六月,十八個月的繁忙生活中,幸而在百忙中還有兩學期到拉森藝術學校(Larsen College),選了一門水彩和油畫課。說來這幾堂課對我實在沒有多少心得,因總惦記家裡的孩子,心不在焉,而方桂却受益不淺。他一向對於音樂美術都有興趣,所以我帶了他去上課,向教授碧薇利·司密司(Beverly Smith)一說,她一聽方桂是耶魯大學的客卿教授,立刻肅然起敬,當即允許他旁聽。同班的學生有時在室內素描,有時出外寫生,他都跟了去,也跟着一起畫,畫完了,他當然無權交卷,或者請求修改。一天,司小姐大概因為好奇,對方桂說:"李先生,給我看看你的作業。"這一看,可不得了,他比我們全班二十幾個男女學生畫的都好!司小姐除了驚奇又大為稱讚,並且自願給他批改打分,凡是素描、寫生、臨摹,他都得全班最高的分數。大家都稱他在耶魯是客卿教授,在拉森是客卿學生。他的這種特殊表現,說起來也並非偶然,因為母親是畫家,當然細胞中已有藝術成分,但是太夫人自歸李氏,雖從沒提過畫筆,而畫盤畫具總是有的。據方桂說他從未拜師學畫,不過偶爾提起彩筆抹兩下子,老太太看了總是誇獎,有時也略為指導一番。方桂是聰明人,眼界又高,出手自然不凡!

我過門的第一年夏天,方桂病了幾天,在家休養,忽然想要畫畫,就找出點兒顏色,抓了幾張糊窗戶用的棉紙,畫了十四張小畫。太夫人看了很喜歡,我就拿去裝裱成冊頁,一直在手邊看玩了多少年。有一年忽然不見了,我上天下地也尋找不到,心痛得幾夜都不安寧。那年華盛頓大學的同事瑞夫羅 Reifler 先生過世,學校清理他的遺物,竟而發現方桂這本冊頁!東西失而復得,這份喜悅,難以言喻!這次可不能大意了,以後不但妥為保存,還請了許多名人題字,有張充和、臺靜農、孔德成、汪公紀、胡適之、勞貞一、施友忠、熊式一、江兆申、李峻亨、董作賓諸位名家的手澤。方桂的遺筆除去以前隨畫隨贈給朋友的戲作外,林德處有越洋幾次保存下來的寫生西洋畫同中國山水畫。培德,安德同我都保存了他過世前幾天的遺筆,由張充和代點石綠。方桂逝前曾向張充和討三青三藍,充和給他帶來,他已病篤,來不及用了!悲夫! 悼詩俚句中有:興來調朱黛,花蝶自翩翩。

26 歸國(一九三九年六月)

在美十八個月,兩年平安充實的生活漸近尾聲。當初聘請本說是三年,但傅所長只准假兩年。那時我剛熟悉美國生活,不想回去,但方桂一諾千金,他要奔赴國難。他要同朋友國人同甘苦共患難,深怕回去太晚,失去參加抗戰的神聖天職! 而我摟着孩子躲轟炸,滾牀底那種生死一髮的恐怖,他是沒有身歷其境,確實難以言喻的。所以當時我兩人的看法想法都不同。我不願意帶了小兒女回國冒烽火。那時三哥嫂在意大利當大使代辦,我要帶了孩子去投奔他們。方桂向來任何事不勉強我,他雖然是千般地不願意分手,何況又是天翻地覆的非常時期,然而事關生死,方桂也不願堅持己見。踟躕多日,終於到了買船票的日子,到了旅行社,方桂說:"一張票回中國,三張票到意大利。"我竟邁前一步說:"慢着! 四張票都回中國!"當時方桂雖沒有甚麼特別表示,只看到他眼中瀅瀅的淚光,我立刻了解到了他的激動已到了沸點!

從新港登程,我們一家四口,開了車子,一路优哉遊哉! 慢慢地登山逛水。首先就到紐約參觀了一個世界博覽會,然後尋幽覓勝,一路種種新奇,處處開眼。鹽湖裡飄浮真是個奇怪的感覺,不會游泳的人,居然跑到高板上跳水! 因人浮在鹽水裡，根本沉都沉不下去。大峽谷底的深奧，色彩之艷麗，真叫人想不出大自然的神奇！黃石國家公園的奇景奇觀在此無法多說了。曉行夜宿，兩個月的風塵，我們到達了西岸舊金山。參觀了東西兩岸的世界博覽會。那時美國特別有錢，不知為甚麼，一年當中要在紐約同舊金山開兩個世界博覽會。會中看了些甚麼，我都不太記得了。只記得同方桂還有魏菊峰兄嫂同乘一次紐約最大的旋轉機器 Roller Coaster。坐上去以後，真是驚心動魄，欲罷不能。我倆緊緊地摟抱着，只有把生死置之度外。過程終了，我們四個人都幾乎下不來了。嘴唇發抖，面色發青，呆坐半天，神智才恢復過來。以後再也沒敢坐了，雖是小型的也不再去涉險！那時我們也都不過是三十上下歲的人哪！

1939年檀香山趙元任家

在三藩市上船航行兩星期,到了夏威夷 Hawaii。那時趙元任先生在夏威夷大學客座一年。他請我們到他家住兩星期,異國相逢,兩家更是親熱!穿莫莫,踏拖鞋,看胡拉舞,吃燒整豬,游泳,衝浪,觀玩奇花怪鳥,盡量地享受島國的熱帶風光!那一望無垠的藍天碧海,那掃着白雲的椰子樹,實在是叫人留戀!兩星期過了,我們兩家同日登船,他們開往西岸舊金山,再坐了我們給他們留下的車子,開回新港,繼續方桂未終了的第三年的課程。我們則直航上海,回昆明中央研究院。

戰事節節敗退,政府各機關久已撤退南京,遷往長沙、昆明和四川去了。到達昆明傅所長親自到站接車。雖然戰火連天,轟炸頻繁,方桂絕不食言,如期歸來,彼此把晤,皆大歡喜!

西南聯合大學是由北大、清華、南開三所大學組成。三校師生集體來此避難,上課。方桂也被請為導師、顧問等頭銜,事實上只是尊稱而已,所以聯大一般學者也稱方桂為師,其實他因路程遠沒得上課。史語所為了安全,設在鄉下龍頭村,租了當地的富戶的房舍辦公,同仁們自費建幾間土房居住。我們那時先暫住傅所長家的同院陶孟和先生的一間避難房,後來自建土屋三五間,還把二位老太太從重慶接來奉養。如此相安僅僅九個月,日本進軍獨山,屢來轟炸。史語所又慌了手脚,由傅所長向他的舅兄俞大維商借了車輛人手,我們這一夥子又全班人馬搬到四川,渡江到了宜賓附近的一個小村名李莊。李莊有家主人是當地的首富,他有房舍千間,各組房舍都有名稱,如:茶花院、牌坊頭、柴門口、桂花坳、板栗坳等等。這裡除了生活過於原始外,倒是讀書作研究的好地方。大家就安貧樂道,作起研究來。那些學者們閒了,就預備寫章回小說,編出柴門八景,可惜我只記得其中一二。柴門瀑布就是批評人登牆小便的。李徐櫻大鬧牌坊頭,傅孟真長揖柴門口。這些是說一位湖南太太不講理和我吵起來,傅所長只好給我作揖之事。

傅所長為了表示和地方人親善,開辦了小學和高小,他自任校長,我被請為四年級任老師,一時當地人家的孩子和所中同仁的孩子很多都成了我的學生。

在四川兩三年裡,方桂做了不下四五次田野工作,收穫頗豐,工作十分艱苦。每次出外都帶了得意的學生同往,一則彼此照應,一則實踐指導,互相印證切磋。有一次帶了馬學良,現任中央民族學院語言研究所名譽教授、所長,到路南縣彝族撒尼語地區調查。那個地區貧窮落後,他們師徒寄宿在一家撒尼人的閣樓上,那裡既無桌椅,也無牀凳,就睡在地板上。屋頂低垂,行動必須躬身,否則就要頂天立地。平時工作疲乏,饑腸轆轆,每日食物到手以前,都先被烟熏火燎一番,因樓下炊煮,樓上烟霧彌漫,等到上桌一吃,都是烟熏過的食物,但也只有粗米飯,乾薑頭,鹹菜辣椒,真是別有風味啊!還有一次,邢公畹,現南開大學的教授,在惠水縣郊區遠洋寨調查布依族語,方桂同張琨在惠水縣城裡調查楊黃語和苗語,方桂不放心邢君單獨工作,特地到郊區去看他。邢君知他還沒進午餐,就端出一碗粗米飯,鹹菜和一碗白開水招待他。鹹菜既鹹且辣,入口流淚,飯上爬滿了蒼蠅,當時又累又餓,方桂拿起筷子,趕走了大群的蒼蠅,就吃喝起來!我至今不懂,方桂腸胃素弱,家裡的食物,稍微不新鮮,都是我吃,他一沾口,就要瀉兩三天肚子,不知做調查時,他何以能接受那種飲食!這倒使我堅信,凡一個人有志在懷、堅定不移、志在必得。他的五官百體,都能發揮極致的作用,以抵抗各種侵襲而得以平安。雲貴是瘴癘之區,瘧疾是人人不能逃脫的。只因帶了金雞納霜,臨時控制下來了,可是每次出外回來,總是給我帶來大禮物:跳蚤、臭蟲、虱子。他滿身帶回的虱子,可沒有那麼容易清除。要是現在洗個澡,把衣服扔了就完了。那時可不行,棉袍棉襖是我凍爛了手腳,連夜趕製的,而且只此一套,那怎麼辦呢?他只好躲在被窩裡。我用小刀把衣縫裡的虱子連母帶子都刮掉,然後把棉衣放在大蒸籠裡蒸半天。內衣好辦,在大鍋裡蒸半天再穿。正在這時,所長前來拜訪,只好說:您牀邊坐吧,棉襖在蒸籠裡,人出不來接見哪!這時方桂只好坐在被窩裡和所長談話。

方桂打理清潔了,可是林德姊弟也生了滿頭滿身的虱子,也只好如法炮製,手忙腳亂幾天,才算揭過去這一段兒。我說滿頭滿身的虱子,方桂笑我文法有問題。他說有虱子就是有虱子,何必說滿頭滿身?事實誰不清理誰就不懂。原來頭上的虱子是黑的,衣縫裡的虱子有灰的有白的,上下竟不混亂,豈非怪事?我想這一定也是上天有好生之德。讓他們隨地變色,易於躲藏,以便生存。還是他生就的黑白,互不侵犯,以資繁殖,那就需要生物學家來解釋了。

我們在四川李莊,一來窮鄉僻壤,買不到多少日常起碼的食物,二來政府貧困,每月只發起碼的生活費用。自己苦修、苦讀、苦過,還可支持,只是孩子們在成長時期,營養不足,影響健康。我們想遷地了。

那時老同學梅貽寶正在成都辦燕京大學,他來敦請,方桂又向史語所請假,暫去成都一個時期。

27 天府之居
(一九四三——一九四六年)

成都是四川的平原中心盆地,出產豐富,風景優美,天氣寒暖宜人,號稱天府,又名小北平。梅貽寶先生就選了這片地,燕京大學在此復校。教會學校有庚款貼補,薪金不惡。梅君眼光遠大,不惜資金,禮賢下士,很能羅致人才。方桂和他本是同班同學,也被敦請忝列了當時的一員,同時還請有史學大師陳寅恪,英文權威吳宓。一時人稱三大名旦。三人中又以方桂最年少,又比那兩位夫子略會修飾,加上方桂唱曲,大家開他玩笑又被戲呼是三旦中的梅蘭芳。這三位大師聽了也都笑嘻嘻的,一時傳為佳話。

成都到底是大都市,確實不同。生活雖然是大大地改善,可是八歲的培德發現已染上了肺結核!後經老同學殷玉璋盡心搶救,幸而痊愈。可是害得他休學三年,失去了高小的教育,方桂數十年來一直耿耿於懷。從龍頭村,板栗坳一旦搬來,那真是從幽谷而遷喬木!頓覺繁華綺麗!其實歐美各國,南北二京,咱們甚麼沒見過?只是久困鄉隅,油燈下課讀,劈柴炊煮,汲水洗滌,把那往日的文明舒適早忘記了!因此到了成都,精神大為振奮!

華西壩上商店林立,春熙路上也有戲園電影院等等。金陵大學也在此復校。我因要兩個孩子入子弟小學附中,也毛遂自薦去教三班的英文,五班的美術,在四川大學也做了個半事,一時間我同方桂就有兩個半薪水收入,抗戰時期就算不薄了。雖然如此,我們一家四口,連工人五口,每天也只夠吃一斤水牛肉,三四個雞蛋而已。生活慢慢上了軌道,經濟也日有改善。兩年安定下來,方桂教課之餘,又帶了學生作些田野調查。

在成都安居以後,接着寒假期間,方桂到理番作些調查,那是嘉戎語的大本營。帶了助教陳永齡和張琨二人,由成都出發經灌縣至汶川,曉行夜宿,一切順利。到了岷江上游,問題來了,要達到目的地需要越過汶水,水急風惡,舟楫不通,欲達彼岸需過索橋。索橋的構造十分原始,就是兩岸架兩根鐵索,上面鋪上木板,板上并無扶手,就在空中再架兩根鐵索,手抓鐵索,腳踏木板,緩緩前進。下望江水滔滔,耳聽風聲呼呼,真使人目眩腿軟!方桂他們到達時,碰巧那天水漲風急,連那幾片橫鋪的木板也飄走了。假日無多,要等再放上木板,不知要多久。現在過橋的人只有足踏鐵索,手抓鐵索而行。時不我待,方桂爭取時間,也只好鼓足勇氣,橫足挪行,蹭到彼岸。他為了要得資料,甚麼驚險,他都處之泰然!若有人差他到西天去取經,我想他也不會弱於玄奘大師的。陳君年輕,看見師傅前進,他當然也不敢退縮。張君可不行了,他有天生來的懼高症,試了幾次,不敢前進,只好等了幾天,木板修好,他還是不敢走,只好雇了滑竿兒,抬他過橋,師生三人才合力工作。聽說有一個負米的人,風急鐵索振動,他到達江心,無力前進了,狂呼救命,鄉人也無法扶他,只好用粗繩把他綁在鐵索上,第二天風停了,他才達彼岸。其驚險處,竟到如此!若非身歷其境,誰能相信?方桂每次提起,餘悸猶存!

寒假結束,調查可沒有結束,方桂只好先回,張君留後又作了一段時間。日前張君和我談到這事,心中無限懷念又傷感!

笛韻曲聲 互為師徒

在四十二三歲上,方桂又學了一項新本領,就是吹笛唱曲。

且說在成都時,我在金陵中學四川大學供職,頗有機會結交幾位川籍朋友。戰亂時期沒有多少消遣,朋友交往只是擺擺龍門鎮,吃吃晌午(四川的土話就是聊聊吃吃)。意外竟然發現其中有幾位能唱唱崑曲的,於是三五個人就組織了一個曲會。當時大家興致高昂,每週一會。方桂雖然跟着我去,但他無大興趣,坐立不安,時時拉我的衣服,表示要走,我坐着裝糊塗,他只好勉強坐着,歪着頭,在我肩旁瞄着曲譜。他眼睛一接觸書與字，興致立刻油然而生。漸漸地他也不拉我的衣服了。以後他竟早到晚退，自動地欣然參加，變成我們的正式曲友了！以後曲友漸多，可是笛師却成了嚴重的問題。在內地請不到職業笛師，曲友中會吹笛的，只有川大的李夢雄教授。夫人石璞也能吹，但她只能給她先生伴奏，別的人唱，她就心跳腿軟。此外還有一位杜姓曲友，他會吹笛，但不會換指法，任何曲牌，他一律吹小工調，只是略勝于無。又過了些日子，杜先生離開成都，連那枝小工調的笛子也不見了。夢雄一枝笛，很難照顧大家了。那時只好由資深的一人，引領着乾唱。若為練習，倒是需要無笛自唱，但是在興趣上大大打了折扣，曲友都為無笛煩惱了。

忽然間，有位中央大學的畫家吳作人來訪。記得是一九三八年吳君因事曾來美國新港，我們曾招待他住了一晚，他還給我畫了一張水彩人像，因坐在廊子裡，夕陽西下，光綫不太理想，又改用燈光，他還開了一句玩笑，說："您的尊容可真是難描難畫啊！"在重慶我和他又有一面之緣，也曾一起度曲，蒙他認為我是大知音。這次帶了笛子來找我唱曲，略事寒暄，就吹唱起來，幾不知夜之將闌！

我和吳君都沉浸在笛曲裡，幾乎沒顧到方桂的存在，我猛然驚覺冷落了他，正在慌恐間，沒想到方桂笑嘻嘻地問吳君吹笛難不難，吳君說那還不是和別的藝術一樣，會吹并不難，吹好可不易，那要看各人的修養同學習的態度了。然後方桂又請教哪裡是工尺，何者為叠轍，以及南北曲的軟硬的不同,和換指即成別調等等。從吳氏算是約略地上了一課。從此分手,幾十年來,再也沒見過面。據說吳君已是國內的大名畫家,很後悔兩三次回國都沒找個機會去拜會他,告訴他,方桂因他一席話的啟示而練笛,數十年來所擁有的樂趣和成就。最近得知他也過世了!但願他到天國和方桂相會,佛說:人生朝露。豈不信然?前幾年林德看到一幅複製的白鶴,覺得頗為精彩,一看,却是吳作人之作,他買回來送給我,這算對知音者的懷念吧!(吳君臥病,誤傳過世。)

再說吳君來訪的第二天,方桂就買到一枝笛子,課餘飯後,就拿起笛子,吹奏一番,但是聲息全無。方桂學習本領之執著,態度之嚴肅,真令人佩服。不管有聲無聲,他都看着曲譜,規規矩矩地照字放指,到了翻篇時,十一歲的林德在旁大笑說:"爸爸吹笛子真笑人!一點兒聲音都沒有,他還翻篇兒哪!"方桂能無聲翻譜,林德也能從旁體會到其不尋常處,父女都是有心人也!再過幾天,有聲音了,再過幾天,有點兒調門兒了,荒腔走板那當然是意中事,那時我才開始給他唱曲子。照例吹笛子是給唱的托腔,而方桂練習時是由我唱曲來引領笛子。如此練法,直到我力竭聲嘶而後已。我唱累了,只好靜靜地聽着,感覺笛聲漸微漸渺,以至無聲。忽然間又笛聲大作,震耳欲聾!原來我已一夢黃粱,直到醒來,他的笛聲是從沒停止的。他學第一支曲子就是如此鍥而不舍,苦修苦練!

這天又逢曲會,該我唱時,李夢雄舉着笛子說:"我伺候哪一段兒?給你吹笛子最過癮,能起共鳴!"我說:"過獎了,多謝了！今天可以不勞尊駕！"他大為愕然地說："怎麼？你今天不唱？還是有哪位高明師傅伴奏？"我說："不一定高明。今天倒是有一個人給我吹笛子。"大家聽了，都面面相覷。這時方桂慢吞吞地取出笛子來，音韻悠揚有板有眼地吹了《思凡》裡的一支《誦子》，我也鉚足了勁兒，引吭高歌！一曲才罷，大家都聽得呆了，幾秒鐘後，才噼噼啪啪地掌聲四起！方桂一向是沉着，喜怒不形於色的人，這時也不免緊張得紅雲滿面，手足不知所措！

接着大家一齊亂嚷嚷："好啊！你真能深藏不露！笛子吹得那麼好，却偷懶，不給我們伴奏，罰你給我們每人伴奏一曲！"方桂說："我只會這一支曲子，給你們伴奏甚麼呢？""胡說！該罰！只會一支曲子，能吹那麼好麼？加倍地罰！"事實上，那時他真是只會那一支曲子。因為他苦練得十分到家，所以好像他能會很多似的。吹會這頭一支，就算難關度過去了，以後就不難了。不久方桂就融會貫通，很快他就能吹很多的生旦戲了。

曲會裡有了兩位半教授笛師，石璞算是半位笛師，一時會員大增。這時還真有幾位名曲人出現：像故紅豆館主的三高徒，就是善演妙常的朱自清夫人陳竹隱，善演《聞鈴》的廖書筠，喜唱《十二紅》的李夫人，老名曲人陸金波父女，留法女詩人羅玉君，漆器專家沈福文夫婦，社會學家于式玉，臺大教授張清輝，客座明星張充和。還有兩位名教授，其一是川大的李思純。他喜唱《書館》裡的《解三酲》。他每會必到，每次必從頭坐到散會，每次必請方桂伴奏這一支曲。還有和李先生是好友,年歲相若的吳雨僧先生,不唱曲,但他很懂曲,他一到,不言不動,閉目聽曲,直到會終。他有時發些高論妙論,蠻有意思。他還誇獎方桂吹笛子有獨到之處,板眼準確,音色圓潤,好像多年嫻熟一樣。只要笛聲一響,滿屋子的書卷氣。他喜聽方桂給我伴奏《夜奔》,說我們兩人配合默契,讓人能得到武小生的朝氣。唱到"忽啦啦風聲吹葉落"時,他渾身出雞皮疙瘩。他還曾怨恨十六世紀時,世界上的郵政不好,否則的話,莎士比亞和湯顯祖中西兩大劇作家就成了好朋友,還不知能有多少好戲問世呢!確是名言!

時光流轉,忽忽數十年!往事依稀如夢如幻。現在讀中外雜誌有情詩聖手吳宓一文。篋中又檢出吳先生當日贈方桂詩一首,一切又宛在目前。而人生如萍,聚散無常。數十年天各一方,何況今天又幽冥異路,怎麼不令人唏噓浩嘆!

吳先生的名詩名句,我也讀過一些,贈方桂詩更是高明,那年本要帶回臺北托裱配框留念的,匆忙間竟不知何處去了,至為可惜。其中大意主要是誇贊方桂四十歲以後學笛,短期間能有如此成就,其毅力才華,非常人可及,還有涉及其他工作的句子,是一首八句七言律詩,我只記得其中一句是:早修絕學通蠻語。可惜其他一句也背不出了!

方桂逝後其書籍全部捐贈中研院史語所和清華大學了,此詩必在某一本書裡夾着。我希望將來如有人發現,能還給我才好。丁邦新看書發現丁聲樹的半封信,曾還給我。

又有人在圖書館發現薩老師留給某人誇獎方桂的條子,也成佳話。但願這種事三次重演,我翹首以待!

我看方桂四十多歲學笛,還能吹得那麼好,我也決心學步。但我的天分同功力當然不可和他同日而語。不過曲會人來多了,他和夢雄吹得累了,我只能替手吹三五段而已。有些微妙處到也向他請益。這時他不但能吹笛,也可以開口唱好幾段曲了。只有曾經指點過他的人,才能真正了解"青出於藍,而勝於藍"這句名言。人家都誇獎他家裡有好老師,他學得又好又快,他就馬上說我還向他學笛呢。有時我們就抬杠,我就說我承認向你學笛,你也不能不承認你也向我學曲啊!大家大笑,說你們別吵了,互為師徒,誰也不能不承認啊!可是我不能不承認方桂真是好學,又有天賦。他的嗓音蒼勁寬宏,界乎老生冠生之間。他唱曲雖由我初步指引,而唱功的技巧却從多方汲取。《彈詞》裡的《一枝花》,由我大哥傳授,後經我整出打磨。《辭朝》裡的《啄木兒》,取法於項馨吾,《聞鈴》他十分留意聽蔣慰堂和廖書筠,《哭像》每段都取法於俞振飛,吹《絮閣》裡的《喜遷鶯》是我三哥傳授,《認子》、《藏舟》是和徐炎之切磋,《秋江問病》裡的兩段《山坡羊》是從張充和練習。其他能吹常吹的三四十齣戲,全是自己苦練的,並沒有從名師上過課。總之他從四十二歲和吳作人討論吹笛起,直到八十五歲生病的前夕,還和諸位曲友在我家互相吹唱了幾曲,真可紀念!所以悼詞的俚句中有:吹笛善南曲,音韻何纏綿?高歌長生殿,悲惜楊玉環!

28 遊峨嵋（一九四五年）

既住四川，不遊峨嵋，似乎是遺憾！好友謝樹英太太發起申請了一輛巴士，邀集了二十多人，結團朝山。別人都是全家出動，我家可出了問題，因為培德還在養病期間，不能同行。那麼方桂或是我或者母親，必須一人留守。我，當然是第一個放棄權利。方桂說我母親從重慶來看護培德，勞苦功高，當去旅遊。我母認為方桂不應失此機會，也可作點調查。如此兩人推讓，相持不下，後來還是由方桂最後決定。他知老人家有三大心願：第一朝泰山，第二朝普陀，第三是朝峨嵋了。既是皈依佛教，此行哪能錯過？他決定在學校裡安排男女兩個學生，三人輪流換班，照應培德。由我奉了母親，帶了林德，祖孫三人，快快樂樂地上路。大隊人馬，白日朝山拜廟，晚上點上謝太太帶的僧帽牌洋燭，打八圈麻將。玩了七天，老人家玩得心滿意足！每拜一廟，必給方桂特別祈福，每晚麻將桌上，又念念不忘方桂牌技高明，牌品厚道。方桂是打得高明，何況有時又會放個人情張子。老人家時時提到他，還有許多誇獎他的話，我聽了心裡暗笑！因我想起我們訂婚時母親和三哥道鄰的一段對話。原因是三哥自幼就被母親寵愛信賴，我的婚姻，她要從三哥的交遊中挑選，而方桂偏偏又是大哥的朋友，我母就對方桂很有意見。可是三哥又對方桂十分的器重。所以拙作《寸草悲》有這麼一段似愚似智，而又出乎慈愛的對話。母親向三哥說："你妹妹在家嬌生慣養，李家現在並非富有，生活要是過得不富裕，她怎麼受得了？"三哥說："方桂有好職業，家境富有不富有，並非問題。""中央研究院是個甚麼新設的機關？我怎麼從來沒聽人說過？誰知道能維持多久？又不像那些有名的大學。""啊呀！中央研究院是最近才成立的最高學府。您怎麼不放心呢？他既有資格進中央研究院，哪一家大學他都可以去教書的。哪個大學都需要人教語言學麼？""這倒是個甚麼科目呢？我很不懂啊！""這個科目不但您不懂，很多人都不懂，那就是研究人說話。""這真荒唐！除了是啞吧，誰不會說話？有甚麼研究頭？誰沒有事做，要去研究人說話。""是啊！所以沒有幾個人去研究，現在是冷門，沒有多少人去注意這門學問。將來說不定他會成為專家或者權威呢！"（三哥真有見地，被他幸而言中。）"噢！如此說來，並非沒有前途。大學裡是會需要這種人才。不過大學要都停了課，那麼怎麼辦？""那他可以寫書，賣書。"這下我娘可慌了！她說："啊呀！他要寫書不成功，不好，賣給誰？誰見過幾個賣書的人，能養家活口？你妹妹豈非苦矣？"三哥被他老人家盤問急了，有些不耐煩，搶着說："咳！娘！您儘管放心，若真有那麼一天，我負責，我們兄弟們幫忙就是了，只要我有飯吃，不會看着妹妹受苦！方桂若是對不起她，我也不會看着妹妹受氣！"母親這才放心了，他所要聽的就是最後的兩句話啊！

遊峨嵋時我們已結婚十四年了，現在母親對方桂的看法正如三哥所說，他是個專家，他是個人才！他也沒有一天失業過。而方桂對於我母,除去日常的恭順以外,他覺得這次他堅持己見,使我母親了個心願,朝拜過峨嵋,是他最能表達的孝思!而我當時的感受呢,是看見母親對他的孝意而安慰,覺得方桂能博得老人歡欣而安慰!並且感激他的決策安排,能三全其美,其決策大矣哉!

29 三度來美
(一九四六——一九四八年)

八年艱苦抗戰,一旦勝利來臨,舉國上下瘋狂的一般,從此揚眉吐氣,列入強國之一。機關學校紛紛復員,燕京大學當然也不例外。正在這時,哈佛大學忽然聘方桂兩年客座教授,那真是喜出望外的聘請!方桂匆匆趕到重慶奉母回久別的北京。我也急急忙忙結束一住兩三年的成都的一切,奉了我母(因培德得了肺病,她來照顧培德的,所以還在我家),帶了孩子,老老小小也到重慶候飛機飛南京。等了好多天,居然買到了飛機票。一飛衝天,一二小時以後,我們已經在紫金山、玄武湖上盤旋降落了,那時激動的心情,真說不清是驚喜還是悲悽!方桂也從北京回來,大家又住進我們手建又一別八年的家!在搬進以前,有位容醫生一家霸佔著,不想讓房,屢次託人交涉,都不肯讓,後來我同方桂親自出面。容家是廣東人,他們夫妻想點子,用廣東話商量,剛要說不好聽的話,方桂馬上說他自己是在廣東生長,如果他們想用廣東話研究問題,他可奉陪。容家一聽羞愧滿面，馬上說："自己人，好商量！自己人好商量！"立刻又留我們吃糕點，喝咖啡。因為方桂聲明他諳粵語，不願聽人家的隱私，君子之風立見，容家怎能不肅然起敬而退讓三分，第二天就讓房子給我們了。

凡是家裡有疑難事，向來由我交涉，這次方桂出馬，一戰而捷，他十分得意，他說了好多年。這是他處理家事的第一次，也是末一次。他要留一個美好的記錄。

三個月以後，我們一家四口到上海等船。趕上美國輪船公司罷工，沒有船出口。一等又是三個月。方桂找了海軍飛機，先赴美到任。那時行旅，可不像今天的方便。戰事方息，沒有客機飛行。輪船公司罷工，只有死等。軍機不但不飛女客同小孩，就是方桂，雖然勉强搭上軍機，到了夏威夷登陸，還有多少周折才到目的地波士頓哈佛大學（Harvard University）。我在上海這一等又是兩個多月。我有時拿起笛子，獨自吹奏一番。我對面無人應聲歌唱，不免淚如雨下！當日的心情已難忍受，而今天的悲苦又比以前悽慘萬倍了。那時的暫別，相逢有日，今天幽冥永隔，何日相逢？何日真能相逢麼？只有舉首問蒼天了！

翌年二月，培德都快要十二歲了，半票幾乎上不了船，雖然我們半年前已買好了票，幾經交涉，最後成行。梅各思將軍號（Meigs），在海上飄蕩了十八天，到達舊金山。我因暈船，減瘦十八磅，是件高興的事！乘火車兩天一夜，到達麻省。方桂駕車到車站迎接，一家四口又慶重圓！

哈佛雖是名牌的高等學府，但方桂工作得不樂意，因不是教課,而是給哈佛燕京編字典,工作過於沉悶。兩年期滿,他辭職了。他要回國,我又不想走了。因為林德姊弟來到美國入學,英文趕上班並非易事。才上軌道,又改新轍,對於一雙十四五歲的孩子太難於應付了。我希望他們再留一年回國,將來入大學,英文就可免讀了吧。方桂雖然有他的道理,但也沒完全同意。我們一方面預備行裝,一方面再自己開車,旅遊一番。橫穿美國到了西岸,又了不得了。國共磋商不達協議,情勢驟變。政府已經退處一隅了,撤守臺灣,我們惶惶然不知所措!

幸而耶魯大學又知道方桂在哈佛工作結束要回國了。請方桂回耶魯客座一年,正好解決眼前的問題。一家四口又快快樂樂地回到舊遊地新港(New Haven)。

這次回新港老朋友幾乎都不見了,洋同事像 Franklin Edgerton、Charles winslow、James Stuerdvent、George Kennedy 等人,都不見了,都過世了!中國人可多了,不像一九三七年我們初次到新港時,全校師生只有十八個中國人。這時中國學生也多了,做生意的也多了。那時有李田意、李賦寧、張琨、李抱忱、孔達生等都在那裡完成學業。還有得意的大弟子 Nicolas Bodman 等等。

小女安德

一年易過,方桂又接受母校密西根大學之請教暑假。這時又有件喜事發生,小女兒安德出世了。家中多年沒有小娃娃,她給家人帶來很多的快樂同很多的麻煩。幸而兩個大孩子已經十四和十六歲了,家裡有現成的小保姆和小保父幫忙,所以快樂遠超過麻煩。雖是晚年生女,安德倒是很健全,順利成長。他老說有兩雙父母照應她,因為兄姊比他大得多,他在幼稚園跟人家說他有兩對父母。我還有點兒中國觀念,小的要是兒子更好。方桂却不以為然,他認為最小的是個女兒,生活上增加許多情趣,老來也較易親近,所以安德長成後,他每年都要到西雅圖探望一二個月。

這年秋天我們又面臨回國的問題了。政府已遷臺灣,中央研究院也大批的人馬搬過去了。大家是否能安定下來作研究?史語所是否又像以前躲藏在鄉間工作?進退維谷,我們又在歧途上徘徊!

這時西雅圖的華盛頓大學(University of Washington)正要發展中文系。遠東系研究所的主任喬其泰勒(George Taylor)先生高瞻遠矚,派人來敦聘。那時我們正在進退維谷,就暫應聘華盛頓大學的客卿教授,為期一年。

到了華盛頓州的西雅圖一看,其地是山高水秀,四季長青。原來其名就叫長青省,而且無嚴冬酷暑,氣候宜人。校園裡繁花如錦,建築新舊兼半,穿行其間,如置身圖畫中。既無紐約華埠那種鬧嚷嚷不可終日的喧嘩,又不像新港或者安那波兒那樣大學的小城市,無精打采的過於安靜,西雅圖真是一個讀書住家的好地方!來此不到半年,學校當局就派人來和我聯絡,要派人來帶我去買房子,說是學校開會已定要留方桂在此長期供職,這裡需要着手趕辦東亞語言學計劃,因此在西雅圖華盛頓大學供職一住就是二十年。

直到一九六九年退休才搬到夏威夷大學去。(喬奇泰勒先生介紹文中詳叙其事。)

西雅圖華盛頓大學二十年(一九四九——一九六九年)

這二十年的西雅圖生活,幾乎佔了方桂和我生活中很重要很大的一部分。公事上的成就姑且不談,家事的處理,他真迂得可笑。

一到西雅圖先住學校的臨時宿舍,卧房倒有三間,但是看書、吃飯、會客、洗衣都要在正廳裡。尤其是有剛幾個月的安德,衣服尿布都要在正廳裡扯着一串串的大旗,我受不了了,要找房子搬家。方桂不肯,他說學校指定你在這個房子住一年,你若早搬,以後甚麼事學校都不管了。我哭了,我要自己回國。我不要滿屋子亂糟糟的,給兩個大孩子作壞榜樣。他讓步了。租了大房,不久,大學決定聘他為正式教授(非客座)。我要買房子了,他又說租約不滿,你要退房,房主人會送你坐牢!我說不管美國多闊,他能蓋多少牢獄給不滿租約退房子的人住?我買了房子,把一年的租約換成兩年的租約,給房東另找了人家增價租出去了,房東不但沒送我坐牢,還十分感謝!方桂紅着臉兒跟我搬進了東四十七街,二一五號九間的大房子裡。在此安定下來。

一九五二年夏,方桂被請到印第安納大學(Indiana University)教暑期學校。行前林德交了男朋友,是醫學院的麥穗檀,要訂婚。我反對。可方桂說年輕人的事,不要作梗,將來女兒嫁不出去,可要一輩子後悔!五月十七日林德生日之夜，麥君向我們正式求婚，我哭着說："我真不願意在她畢業前，就失去她。"麥君拍着我的肩膀，誠惶誠恐地說："您沒失去她，您只是得到了我！"方桂就笑嘻嘻地和他握手說："恭賀你得到我們的同意！"他不但是好爸爸，也是一位好丈夫。

一九五三年林德在這個房子裡完成婚禮。第二年三喜臨門，林德大學畢業，又生了長子麥元禮，第一個孫子。這一喜非同小可，方桂對孫子非常愛護。林德又得了西北大學的獎學金，她去念碩士，把穗檀父子都交到我們兩人的手上。我因要洗尿布，需要買烘衣機。培德也在那年畢業，得了獎學金到芝加哥大學攻讀。兩個大孩子同時離家，誰幫着打理尿布？方桂說："我包辦收晾。"我說："好啦！你孫子沒有尿布用，你負責吧！三天以後你不把這件事忘了才怪！"誰知直到次年七月，方桂每天收晾尿布，還折叠得整整齊齊。於此可見他對兒孫之愛，只是默默地表現而盡在不言中！

寶島臺灣

一九五五年夏，方桂回到一別二十多年的母校芝加哥大學（Chicago University）教暑期學校。我們把麥穗檀父子交回林德手中。秋後方桂應臺灣大學之聘，講學一年，身邊只有安德了。一家三口乘船，航行十八天到了久已聞名的寶島臺灣。

那時錢思亮是校長，他禮賢下士，很有識人的卓見，對方桂至為優待。那時從國外回去的人還不多，生活條件也頗為簡陋。而臺灣大學自經傅斯年校長整頓以後，師生陣容極強，一躍而為國內最高的學府。中央研究院史語所也在那裡恢復部分工作。方桂教學，研究在這兩大學府之間。舊日親友，我三哥嫂道鄰妙瑛也在附近，朝夕相聚，過了一個十分愉快的學年。以後三十餘年，來中央研究院每兩年開一次院士會議，方桂每會必到，一到總住半年或三五個月。一方面在臺灣大學、師範大學講課，一方面在史語所研究。又一方面為史語所羅致人才，不遺餘力。他一輩子精神上沒離開過史語所。他最初帶着薪水進史語所，去世前後把他的藏書全部捐贈給史語所了。他這一生，真可算是盡忠於史語所了。

1955年台灣講學

一九五七年培德從芝加哥大學回到華盛頓大學完成第一個學位。一九五八年他和福建人李又寧結婚。親朋都認為他們兩個人並不是太合理想的一對,可是方桂不願反對或者參加意見,他覺得年輕人的道路要他們自己去走。雖然我們只有一個兒子,婚姻大事,他覺得更不敢堅持己見。這位慈父,也就高高興興地為他們主持了婚禮。這段婚姻三年結束,以後培德幸運地認識了福建人徐燕生,於一九六八年結婚,生了大孫女元珍,二孫女元瑞。

二次蜜月

一九六二年借了方桂休假的機會,我們旅遊去了。把安德送到林德家,我們兩人帶了輕便的行裝,携手登機,這次總算是二度蜜月旅行!歷經九個月,停留十六個國家。計從西雅圖出發,橫穿美國到紐約,參加國際語言學者會議。由此放洋,道經荷蘭、德國、奧國、盧森堡、瑞士、法國、英國、意大利、丹麥、瑞典、希臘、土爾其、印度、泰國、新加坡、香港、臺北、日本、夏威夷,而後返訪原地華盛頓州西雅圖。世界遼闊,風景萬千,部分描述,詳見拙著《金婚》中。

到印度有一段小小的不愉快的插曲。本是十五天的計劃,第三天方桂就要束裝離去。玄奘大師經過九九八十一難才到達的西天印度,我們來去三天,就要匆匆離去,何時再來?我很黯然了!為甚麼他要早走呢?因為我們已然走了十二個國家,文字雖然各異,但語言上他從沒感到多少困難。誰知一到印度,經卷佛號雖然方桂在梵文藏文裡是久已熟習的,可是印度滿街上所說的俗話,他可一竅不通!一個語言學家,一旦感覺某種語言對他失去了基本效用,其苦惱是和我們堵了耳朵聽話，或者是蒙了眼睛看書一樣。所以他說："此處不可久留，快走快走！"而走的導火綫是由於一到印度，我就想坐那種三輪小車，上面有篷，下有馬達，很像小型汽車，但只能並肩坐兩個人。有汽車的舒適便利，兼人力車的悠閒情趣，既不像汽車快如旋風般的無法欣賞風景，也不像人力車夫跑得汗流浹背讓人越坐越不安心！但因滿街跑着計程車，免於議價，所以到了第二天，才說服了方桂坐小三輪車。誰知車子破舊，走了三五分鐘，就拋了錨。車夫修理了半個多鐘頭，還修不好，四面圍了一大圈人，指指點點地看熱鬧。後來車夫給我們另外雇了一輛車子，嘰哩咕嚕說了半天廢話。我們以為這下子可以順利出遊了，誰知走了不到二十分鐘，他把我們送到警察局去了！因為那時正因邊境糾紛，前綫正和中國邊境開火的當口，他們對於東方人格外留心。一方面也有保護的責任。

警長看了護照，問了幾句不着邊際的話，他也很客氣，頗以打斷我們的遊程而抱歉！方桂怒容滿面，又找不到恰當的語言發作出來。我從來沒看見過他如此的煩惱過。我想緩和僵局，只好用調皮的口吻問警長帽子上裝飾是否標明他官職的高低？又問他何以無緣無故叫我們到此請安？他很不好意思，又很客氣地說："夫人！您還不太累吧？要喝點咖啡嗎？"方桂嚴肅地向我說："少說廢話！"警察派車送我們回旅館。我的遊興並不因這個插曲而稍減，立刻想再找個地方溜達溜達。方桂可是氣呼呼地嚷着："走！快走！"

方桂的看法，若久留此地，以後還不知要出甚麼花頭呢。一進旅館，侍役就要他的打火機，又要他的褲子、襪子等。印象不妥，早走為妙！印度人的確是窮得可怕，見外國來的人，就向人要東西，又好偷旅客的衣服，所以他一天也不要停留了。

飛機是晨五時起飛，航空公司辦事的印度人員叫我們晨三時到達，而且要自雇小汽車，不坐公司的大汽車。因離境心切，當時也沒多想、多問。到了深夜起身時，可覺得前途渺渺、後路茫茫了！兩個異國人，既無其他伴侶，又不通當地語言，坐在一輛叮吟噹啷的破汽車裡，心裡可打鼓了！此時此地汽車拋了錨怎麼辦？誤了飛機還是小事，司機變了臉，怎麼辦？上三十里的路程，再往兩面一打量，前無警察，後無來人，滿街黑黝黝沒有路燈，四野空洞洞不見房舍，只見遙遠的地方有一兩堆蹲着烤野火的窮漢！我越看越想，越想越怕！我緊緊地擠在方桂的身旁，抱着他一隻膀子，連大氣也不敢出！他也強逞大膽，屏氣正襟而坐！小車子像是走了一世紀，總算平安到達飛機場！一顆心還是忐忐忑忑跳個不停。各種手續辦妥，總算可以立刻離境了！登上飛機，平步青雲，一冲就升空三萬二千尺！這時我低頭一看，啊呀呀！機翼下藍、綠、紅、黃、紫，萬里晴空，一片朝陽，我對印度又升起無限的留戀！再見了！佛國！西天！印度！何年再見？

泰國紀遊（一九五五年冬）

機聲軋軋，由新德里衝着朝陽，展翅東飛。不一會兒，空中小姐報告了:"向左看哪!"噢! 喜瑪拉雅山無邊無際地展現在眼底。莊嚴偉大,霞光萬道,使人叫不出是甚麼顏色,紅? 黃? 還是藍? 綠? 唯有東南一面,被旭日照着的雪峰,發出冰冷的皚皚的光輝! 心中不由得想着:我欲乘風歸去,又恐瓊樓玉宇,高處不勝寒! 蘇氏的名句真是萬古常新! 報告又嚷嚷:"向右看哪!"啊! 波平如鏡,蜿蜒曲折,原來是聖水恒河! 我同方桂談着幼時讀地理,讀到遙遠偉大的地區,常常想真有這些地方麼? 今天目睹其景,我不禁大叫:"啊呀! 原來你們真在這個地球上啊! 但是書籍上的形容,怎能比得上你們雄奇瑰麗的真面目的百分之一呢?"方桂拽着我的袖子說:"怎麼那麼大驚小怪的叫人家說你是鄉下人!"我心裡說:"是啊! 你說的不錯,我是鄉下人。"

又飛了一會兒,下面綠油油的一片,已到了佛教普及的泰國了! 一條照普亞河流,貫穿南北,支流無數,灌漑到全國,肥沃富饒,米棉魚蝦,取用不竭。氣候濕熱,蔬菜、水果、鮮花四季變換不同,人民不知飢寒! 國王拉瑪九世,深得民心,久無戰患。一進曼谷,如入桃源!

曼谷真有說不盡的旖旎風光,詳見拙著《金婚·曼谷》篇中。泰國宗親塔爾尼王子是有名的學者,一聽說來了位研究泰文泰語的中國語言學家,他很興奮地邀了方桂好多次。交換討論了很多中泰語言之間的彼此差異和相輔相成的因果,對他研究的範疇大為有益! 他的妹妹郡主夫人是研究烹飪的,贈我裝訂精緻的她寫的英文泰式烹飪書一本。她是我的同行,我們也有同樣的興趣,我當然也回敬她一本拙著英文的家常食譜（His Favorite Chinese Cook Book）。她一看到彩色圖片，知是方桂的傑作，他們都更加敬佩這位中國大學者的多才多藝！她後來告訴我那本書已不是放在廚房裡的實用書，而是在她書房裡隨時瀏覽的雅玩了，這本書竟有因方桂的一些手筆而被重視的殊榮！我向方桂表示謝意，他嘴裡戲說："沒有那麼回事兒！沒有那麼回事兒！"而內心的喜悅，明明白白呈現在他那天真無邪的笑容中！

彼此談得熱鬧，也忘記了身份，偶一注意到別人都彎着腰走路和跪坐在地上，而我們則高據客位，心中有些不安。原來泰國風俗，普通人和皇室在一起的時候，頭部都需要低於他們的肩下。所以他們行坐都不可以直起腰桿兒來。我們是外賓，不必拘禮，然而趾高氣昂的高坐客位，也不太合適啊！入境問禁，我是有點兒惶然，方桂可不在乎小節！依然安坐如前，高談闊論，旁若無人！

我們竟然趕上這裡過年，就起個三更，到廣場上去齋僧，為久別的兒女們祈福。東方才略現魚肚白，廣場上已站滿了高僧。善男信女們都捧了鮮花、糕餅、雞鴨、魚肉，合掌膜拜，然後恭恭敬敬地把食物獻在鉢子裡，再跪拜退行而去。每個和尚身後都站着一兩個工人，抬了籮筐，把鉢中盛滿的食物倒出挑回廟去。但是食物必須先入僧鉢中而不能直接倒在籮筐裡。那些高僧們左手托鉢，右手打着問詢，半開半閉着雙眼，不言不動，任人膜拜，儼然就是西天如來！在這種氣氛下，方桂也拉着我虔心虔意的施捨跪拜！我心裡想,一個人要是能入佛國,時常做些善事,總不會惡到哪裡去吧!

俄亥俄州立大學中國夜紀盛

一九六六年方桂到俄亥俄大學教暑期學校。荊允敬夫婦以地主身份,抱着任勞任怨的精神來主持這個甚為成功的暑期班。共十個星期,聘請教員二十七人,每週另由外城特請專家學者來演講。教學與教材都要求得十分嚴格,真是辦得有聲有色!

今夏方桂與我特別高興的是因為培德第一次參與教學就得到父子同堂的機會,在荊允敬,王鵬麟二教授循循和嚴格的督催和引導之下,培德不但在授課方面(那真是臨深履薄)得到一次嚴肅的學習機會,並且在遊樂方面,也得到些意外的收穫。(培德導演三隻熊歸化中國,詳見拙著《金婚》裡。)

既說中國夜紀盛,咱們就談談輕鬆的一面。上課八週將近尾聲了,師生們在積極的學與教的重負下,很覺得筋疲力盡。要調濟一下緊張的心情,於是動員全體師生和眷屬舉行了一個天才表演會。節目十四項,歷時四小時。有跳舞、唱歌、吟詩、演戲、畫畫、摔筋斗,中日合作,五光十色,八仙過海,各顯神通,臺前臺後極盡歡愉。別的節目不談,單說大家也點了我的戲。彩排昆曲一折《遊園》。我倒是滿願意效勞,但是我既無春香,又無樂隊,即使勇敢,也無法獻醜啊!這次方桂却特別起勁,自告奮勇願吹笛。這一下我的膽子大了。只要有他抱着笛子登場,不管我出甚麼洋相都會壓住陣脚的!又用了梅蘭芳的錄音細鑼密鼓開場,荆允敬二胡伴奏,司徒小姐彈琵琶。研究美容的藍太太幫我上裝。幾下裡一湊合,我就大着膽子登臺了。二十分鐘以後,在熱烈的歡呼中,我抱了大把的紅玫瑰數次起幕謝場!大笛師李方桂當然也被簇擁上臺接受獻花拍照!

曲終人散,我們戴着一輪明月,一家三口,驅車回家。身心疲倦而愉快,丟下笛子、扇子、衫、裙,往牀上一躺,腦子裡還隱隱地響着"原來姹紫嫣紅開遍",酣然入夢!

那時美國的曲人很少,笛師尤其難求。自從一九三八年我初次在美國演《小宴》無人吹笛,一九四五年方桂就學會了吹笛以後,再到美國可派上了用場。數次我和名曲家張充和表演,也有我幾次單獨上場,都是方桂一枝笛子就上演了。他真是沉着,既無擴音,又無配樂,他竟敢一枝笛子毫不緊張,毫不怯場,從從容容地完成使命!至今回想,實在令人佩服!

三隻熊本是極普通的幼稚園故事,被培德編成中文劇本教大學生搬上舞臺去,即日一開始,臺下就哄堂大笑!請再看這四位人選吧,大熊是個體重二百三十磅,身高六尺,舉動直手直脚,說話愣頭愣腦的道地美國典型的大男人,異想天開的配上中國戲裏的净場大鑼大鼓,走着威風凛凛大花臉的臺步,三熊都穿着蓋臉套頭直竪着一對小耳朵的風衣。媽媽熊是一位膀大腰圓體重一百八十磅的胖小姐,面部表情天生來的呆板,却恰巧合乎劇中人的身份,另又找到了一位十九歲大二年級的小姐,高不到五尺,重不滿九十磅,圓臉大眼,嬌小玲瓏的,天生就是娃娃熊角色,不待任何動作開始,已可以看出角色配搭的得體,音樂陪襯的別緻了,臺上新學的道地的中國話一出口,臺下已經笑的拍手打掌,前仰後合!還有些起哄的同學把腳踩的震天價響,大叫"頂好!頂好"!呼聲未了,叮叮叮,一陣小鑼響,金髮聲又是一陣春雷!氣氛已然造成,以後臺上任何一舉一動,臺下的彩聲笑聲都哄成一片,三隻熊下場了,大家都囔着肚子笑痛了,手也拍木了,而這些人當中只有一個人不鬧不笑的就是李培德,他緊閉着雙唇,專意控制住錄音機上的音樂,以極度緊張的心情祈待着他的學生們的成功的演出,而在這驚喜不定的卅分鐘以後,他已變成那晚上的名導演了!人有不虞之譽,豈不信然?

30　方桂與我四十年(一九七二年)

一九七二年是我家的大喜年,喜事重重,真可說是花好月圓人壽永!現在寫到這裡,都有點兒不可想象那麼充實快樂的一年,怎麼一眨眼就過去了!回思往事,何其惆悵!

榮譽博士

五月六日,正值一個光華燦爛的暮春時節,方桂和我先後平安降落底特律機場。密西根大學語言系主任冀特尼(William Gedney)駕車來接。老友相見,格外歡喜。我們住進美吉利館,這是大學專為招待貴賓的場所,無商業氣氛,地區幽靜,庭院雅潔,遊憩其中,身心立感輕鬆舒暢。

八旬開外的巴特那老教授夫婦約吃飯。巴老曾在清華教英文,是方桂唯一健在的師長。老教授看見他當日門徒已享國際盛名,返回母校,領取榮譽學位,師徒相見都有別人難以體會的欣慰。老兩口子耳聰目明,談笑風生。老太太自炊午餐,我們一稱讚好吃,老人家立刻把烹調方法抄寫給我,還送我肩花一朵,同從中國帶回的錦緞圍巾一條,親自披到我的肩上,並祝福像他一樣能用到九十歲。飯後老先生駕車,老太太偎依在他身邊指指點點向導着我們重遊舊地。

密西根大學開創於一八一七年,成立以來,人才輩出。歷一百五六十年,還是高居全美國十大名學府之一。四十八年前,方桂負笈到此,修學士學位。以後才到芝加哥大學,出自薩皮爾及布龍菲爾德二大師門下。奠定他終身事業的發源地,還是密西根大學啊!

冀主任大擺宴席,向大家報告一件事。他這樣說:"諸位!我向大家報告一件喜事。校友李方桂明天要在本校得榮譽博士學位。李君一九二四年由中國來此,兩年修完學士。轉芝大,第三年得碩士,第四年得博士。四年得三個學位,他跑得太快了,他應得的第四個學位,一壓就是四十年啊,現在要授給他了!一經提議,三十九封推薦信由幾個國家,十個單位紛紛寄來。計有丹麥、瑞典、美國、加拿大、日本、香港、法國、臺灣等處。美國來自各處的計有哈佛、耶魯、夏威夷、華盛頓、加利福尼亞、密西根、芝加哥各大學,可以說是打破以往的記錄。實至名歸,李君今日的殊榮,確也是我校的光彩!我特徵得各單位的許可,把原信贈李君留念。"話音剛落,大夥兒一齊舉杯歡呼祝賀,場面至為感人!方桂當然要起立致辭,因為太激動,雖是短短的謝辭,他幾乎說不出話來!

大典日來臨。那是一個陽光普照的初夏日,安那波兒的氣候還有一點兒微寒,但是興奮的心情,真是不可言喻,只覺得喜氣洋洋,熱哄哄地鬧成一片!賀賓教授和學生們,穿梭一般把這座大學塞得滿滿當當。鐘鳴十下,各自順序而入。吉時到了,樂聲驟起,校長領隊,院長主任們都是方冠長袍,道貌岸然,翩翩登臺,以後是學生們列隊入場。在人群蠕動中,方桂也笑嘻嘻地大搖大擺在學生隊伍中出現,真有返老還童之感!這屆畢業生共有二千餘人,得榮譽學位的共有五人。這時得榮譽學位的人都次第登臺,由各系主任向校長引見致辭,然後校長一一頒贈學位。這時又輪到冀先生了,此君人高馬大,聲如洪鐘。點名到了李方桂,方桂這時面容肅穆,緩緩登臺,垂手鵠立,敬聽主任介紹。以下是冀君的講話,由三哥徐道鄰手譯:"校長先生,李方桂是本校一九二六班文學士,現在是夏威夷大學語言學系教授。李教授在本校大學部成績優異,後轉入芝加哥大學,很快就在印第安語言學方面,取得了超群的成就。這也是薩皮爾大師的興趣所在,及推薦之力。接着李教授就把他廣泛的研究範圍擴充到中國古音韻學,華藏語言學系統,整個泰國語系的比較和歷史研究。他的田野工作是精確而廣泛的,他的分析方法是切實而巧妙的,而他的敘述說理,更是簡明而透徹。這三個條件,不但是他在個別語言研究上,樹立了絕對權威,同時也早就成為一般語言學工作者的模範。他對於學術上的付出是本於不自私的熱誠,而在事業的接觸上,更一直表現出他開放、豪爽和大方。所以不論是他的同輩或後進,無一不是親近又佩服他的。他對於後輩的提携尤其熱心。在本校授予李教授文學博士學位的同時,我也表示我自己對他的欽佩和友愛!"……在掌聲中,方桂的道袍上第五次加帔!方帽上的絲穗同時也第五次右甩!

關於冀先生所說提携後進熱心的那句話,我要屢入一個小故事:我從西雅圖動身到密西根前,華大的准博士丁邦新君交給我幾十篇他的部分論文稿件,請方桂過目,或者出出主意。這時方桂已去職,已不是丁君的考試座師了。丁君交我稿件時,很是踟躕,他說:"李先生在東部停留只有三五天,應酬必多,您想您會有工夫先看看我的稿子,等到西雅圖時可指教我嗎?我覺得很冒昧叫您帶稿子去。"我說:"我知道你很希望他早日看到你的文稿,我可幫你帶去,但他能不能早看,不可保證。"我一到密西根,才卸行裝,就向方桂說:"高足丁君帶來幾篇稿子,等有空時看,我再拿給你。"他立刻說:"在哪裡?快拿給我。"我立刻呈上。其實他一夜無眠,這時正當午倦,一提稿子,他的精神立刻來了。他坐在牀上,一手脱鞋,一手擎稿,只聽第一隻鞋叭噠掉在地下,第二隻鞋根本忘記脱了,半依半靠,一口氣把稿子讀完,然後把稿紙蒙在臉上呼呼睡去!這是多麼感人的一個畫面啊!可惜我當時沒有把這個鏡頭攝下來。這可以說明他對於本行是怎樣的忠堅而又興趣濃厚,對後輩人的希望又是多麼殷切而誠摯啊!三天匆匆過去,我們一回到西雅圖,不到三分鐘,他已經把丁君叫來展開討論了。丁君本年在華盛頓大學順利地得到博士學位。

祝君壽祝君福

人生七十古來稀,人生七十才開始,兩種口號雖不知哪個最有道理,七旬總是個大壽。林德帶了女婿同三個外孫回家拜壽,還抬來了一架最新式的 IBM 打字機。寶劍呈烈士,紅粉贈佳人!這架打字機是女兒、女婿、兒子、媳婦、乾女兒、乾女婿合資置的最如意的一件壽禮!夏威夷本是神仙島國,家逢喜事,至親至友及門人輩三四十名,喜呵呵地玩了一天半夜。我除贈金手表一隻,僅錄日記數頁,祝君壽!

年年都有個八月二十一,今天是方桂與我共同度過的第四十次了。回想北京北海公園董事會李徐聯姻熱鬧的場面,宛如昨日。胡適之先生蹺着一隻幾乎站不住的病腿來給我們證婚,蒙他老先生以後數次都告訴我說,是他最得意的一證!當時有雙方的慈母、兄嫂、姐妹、侄男、侄女們、傅斯年所長,梅貽琦、蔣夢麟兩位校長,還有其他學術界的聞人同事們都曾蒞臨,而今幾人下世,幾人尚存?真不堪回首!方桂在這四十年來,國內國外曾在十所名牌大學執教。

長短文章書籍已有七十餘件發表。兒女三人,除小安德外,也都成家立業。外孫三人,孫女一人,都茁壯向學。算算這四十年的總賬,也可說無愧於心!方桂從華盛頓、夏威夷二所大學兩度退休,今後的歲月都是自己的,他將把握時機,整理存料,發揮所積是勢所必然的。我將專注於他的衛生起居,遨遊山水,吹笛度曲,怡情養性,以增健康和見聞。青天碧海,近在咫尺,老年又學會了游泳的技術。遙望矗立的棕樹,掃着悠悠的白雲,小波浪滲着白沙,我們已比肩游過了第二座瞭望椅,這是二百米的途程,歸航吧!乃綴數語,祝君福!

三博士

十二月十五日,從晴空萬里、花香鳥語的夏威夷,飛到寒風凜冽、積雪盈尺的芝加哥。今天是培德的畢業大典!芝加哥大學的名譽是人所共知的。培德中學一畢業就得了芝加哥大學的獎學金,他就直奔而來。到此先修物理,後轉文科,其間回到華盛頓大學一年,後又從軍三年,這些年來,陸陸續續,矢志彌堅,芝加哥的方帽子不戴不休!今天在樂聲悠揚中,我的兒子也揚眉吐氣,大搖大擺步了爸爸的後塵,從芝加哥的禮堂又步入社會!全家都十分欣喜興奮地說,父子到底成了先後同學啦!

在本年結束以前,還有一人一事值得大提特提,那就是林德。回憶十八年前,她有雙喜,大學文憑同大兒子麥元禮,都是同月得到的。秋季她得了西北大學的獎學金,培德則得了芝加哥大學的獎學金,姊弟雙雙携手東飛。本是一件大喜事,但到陽關三叠,一向有男兒勇氣的林德,也不免珠淚如傾,把醫科尚差一年的丈夫和不滿兩個月的兒子雙手送到我的懷中!林德向來不叫人失望,我快快樂樂地給她帶了九個月的孩子,換了她一個碩士,還有一把 PBK 的金鑰匙,父女二人都是此會的會員。方桂對於此事,當然特別驕傲和歡喜,有其父必有其女嘛!

次年夏季穗檀完成他醫科的訓練。我們祖孫三代一車開到芝加哥團聚!繼續四年中,林德連中三元,得了三個兒子。直等三兒五歲,進了小學,林德才重拾舊業,回校上課,學分慢慢地積累起來,偏巧也在這一年,同爸爸弟弟一齊戴上第三頂方帽子! 她是加州大學(California University Berkeley)人類學系的博士。重重喜事,結束了我們一家最快樂同最可紀念的一年!

31 院士會議記盛(一九七四年)

本年七月十二日是中央研究院每年一開的院士會議。方桂原不預備出席的,因為他那本泰語手册巨著,將近尾聲。這是積存了幾乎半個世紀的資料,他要再一次訪泰,去印證一下舊資料和再採集一些新資料,好再總結一番。每隔一兩年,錢思亮院長都要出國訪問院士們,邀請一番,大家多半都答應出席。人才鼎盛,方桂說他這次向院長告假,不必再效東郭先生,而且不開院士會議的時候,方桂曾回臺灣大學一年半載的多次講學,也兩三次的回史語所做研究,所以今年放棄參加。

會議漸近,院長所長以及史語所的老少同事們的命令一道一道的紛紛傳來。他們說開會以後,史語所將舉行一個語言學研究的會議,必須要李方桂、張琨、周法高三大賢同時來臺灣,把他們在國外的看法,跟國內的學者們的實地經驗,互相參考、配合,以便於決定今後語言研究的發展方針。一提到語言學的發展,方桂比誰都熱心,他比誰都跑得快,欣然就道!

飛機一降落,錢思亮院長,高化臣總幹事,屈萬里所長,所中的老同事,和我的侄子徐福宜早就鵠候機場多時了!彼此熱烈握談,心中充滿了感激、愉悅!

方桂在國外生活,向如閒雲野鶴,不管到甚麼地方,一不拜官府,二不見記者。這次因為是徐福宜安排的情面,不能不接受中央、中國及聯合三報幹練美貌的女記者的訪問。方桂笑向她們說:"和你們小姑娘談談話,我很高興!可是我既不懂政治,又不通經濟,我除了埋頭語言學之外,還能和你們談甚麼呢?"她們異口同聲地說:"我們正想向您獲取這方面的知識呢!"其實方桂是客氣話,他哪會和記者們說語言學呢?五花八門,國內國外,彼問此答,說說笑笑,一聊起頭兒,竟是兩三個鐘點。記者小姐們一面談笑,一面刷刷刷筆下疾馳,去蕪取精,寫得那麼異趣橫生。第二天方桂一早看報,他不禁大贊記者們的訓練和天才。他說:"這三位姑娘真能寫,雖各異其辭,但對我的誇獎,實在使人臉紅啊！"

且說這次會議從國外來的院士有二十三位，來自十六個大學，十四個州，連同眷屬就是浩浩蕩蕩四五十人，國內院士十八人。他們的專業是：歷史、語言、經濟、物理、化學、法律、土壤、生物、動力、電子、麻醉、衛生、醫藥、考古、遺傳、工程等等，應有盡有，可見我國人才之盛，及漂流海外分布之廣。大家一入國門，就有專人負責照料。院士有院士們的職責，眷屬有眷屬們的活動。不但是食有魚，而且是出有車。雖然是皆大歡喜，可是在世界上哪國開學人會議，會有這個排場呢？心裡難免惶惶不安，國家耗費這麼浩大的開支，而這些院士們究竟對於國計民生能出多少好主意呢？我先替他們惶恐不安！

圓山飯店

這是全世界十大豪華飯店之一。這也是她七十年代的盛名。方桂和我雖六回寶島臺灣，但每次總是住史語所或者是臺灣大學宿舍。臺灣近年來旅社設備之進步與豪華，是人所共知的，可是學人們開會却都從沒住過。動身以前，聽到夏威夷大學教授李英哲的太太說她出國十年，由學生到教授夫人最大的願望就是回臺灣吃一餐一條龍飯館和住一夜圓山飯店。這次他們夫婦衣錦榮歸，回國開會，將駐旌圓山飯店，夙願指日得償！她十分高興地問我將住哪裡？我的答語是不知道。誰知我們一下飛機，車子飛馳到一座絢爛綺麗的十四層大廈，抬頭一看，嗚哇！圓山飯店！

圓山飯店是臺北第一個新式老飯店。它的資格雖老,可是裝修及設備並不老。它背山面水,崗陵起伏,已先得到地理上的天然條件。廳,臺,池,榭,金碧輝煌!既富古式的瑰麗,又兼新型的色彩!曲廊綿延,古樹參天!遨遊其間,真是五步一樓,十步一閣!無怪國內外的元首、貴賓、富商大賈,都在這裡被招待過。而對於學人們,方桂同我都覺得無此必要。

一宴

十四日是預備會議,各路英雄都齊集於圓山飯店。晨八時一位位的院士老爺們整裝出發,聚集在南港中央研究院。在那裡飄揚着滿院的紅旗,汽車排成長龍,警衛森嚴,工作人員,跑前跑後,氣喘汗流。招待人員,來來往往,安排政府首長、來賓和院士們就座。夫人們算是放假,一同購物訪友去了。下午六時,院士們興匆匆地臂上挽着夫人,去參加錢思亮院長的第一大宴。

方桂每次回臺都不免要叨嘮院長和夫人的宴會,一向無拘無束,同遊子回家團聚一樣。這次可有兩點不同:第一,走進親切熟悉的蔡元培館,不見熱情歡笑的錢夫人,一問之下,原來她病了,聲帶出了毛病,見人不能說話,從此再也聽不見她說話了。第二,國內國外的人都到齊了,大廳裡塞得滿滿當當,一時間釵光鬢影,冠蓋雲集!大家說起來唯恐聲音不高,笑起來唯恐哈哈不響。海闊天空,古今中外,談得那麼起勁!入席了,院長忽然要銓敘我們。這一銓敘,令人不能不想到當年的盛況。中央研究院自一九二八年創辦人蔡元培任首任院長，二十年後，於一九四八年中研院建立院士制度，方桂就榮膺首屆的院士，那時他四十六歲，是當時院士陣容裡很年輕的人數之一。國內的一流大師們都被選入，好像是八十六位，真是懿與盛哉的大會。院長請首任院士和夫人坐第一席，依次類推下去。這一來，大家都有點短暫的矜持與不安！坐定一看，首席上只有：李濟，袁貽瑾，凌鴻勛和李方桂夫婦，加上院長和總幹事十人而已。當年那些同居的院士們都哪裡去了呢？有的沒回國，有的病了，有的老了，有的過去了！令人一陣悽惶於老友們的凋零和分散！然而放眼往別桌上一看，也有可喜的一面。少年英俊們，日益衆多。尤其是方桂看見首次出席的新院士張琨，他是由歷史語言所出國的。一去一晃二十七年，和方桂是三十年的師生，十年的賓主，他寄住在我家時，和我家三代都是好朋友。方桂考他進所時，他只是一個大學畢業生，出身清華，和方桂算是先後同學、同事、同行。現在是耶魯大學的語言學博士，加州大學教授，上一屆被選為院士，現在帶了女博士洋太太坐在院士會議的席上！後生可畏，豈不信然！方桂此時心中定是充滿驕傲和欣喜！酒之醇，肴之精，不必細說，盡歡而散！

二宴

十五日，第十一屆院士會議正式開幕。因我不在場，不知內情，不敢胡說，但據方桂告訴我，與會的人出了不少高明主意,但是何時或多少能夠實行,那就要看國家的政策了。會後副總統嚴家淦和夫人的晚宴,我可躬逢其盛了!

席設在介壽路賓館的花園裡。原是日據時總督的官邸。日本人修飾庭園真有特殊的技巧。地方雖然不大,但設計得那般巧妙!如茵的草坪上,引進一灣曲水,對面就自然形成一丘小島兒。兩岸低垂的柳條兒,輕輕掃在水面上,拂起大圈小圈的漣漪,一個套着一個,使人看了悠然意遠!晚風送着夕陽,把衣裙吹得飄飄揚揚,把臺灣七月的酷暑驅散得無影無蹤!滿園紅紅綠綠的小燈籠,四下裡一眨一眨地向人瞟着媚眼兒!一座老摩登大紅磚砌洋房,端坐在青石板鋪築的大平臺上,也有他老氣橫秋的逸趣!

總統和夫人用以招待我們這一班子歸國的蝗蟲,可煞費了苦心,既非山珍海味,又非牛排火雞。那麼吃甚麼呢?原來是燒餅,油條,元宵,粽子,豆腐腦,燴粉絲,蒸餃,煎包,魚丸,肉餅,古裡八怪的各色家鄉食品。一家一家的小攤位,一個一個的小桌子,隨便起坐,任意取食。又可以參觀炸油條的把像鉛筆長短的面條,往油鍋裡一扔,霎時變成一尺多長又鬆又脆的油條。做包子的,在一大塊軟軟的和好的面上,揪下一小團,用小木板挑起肉餡兒,往面塊上一抹,三捏兩扯,包子做出來了。餡兒又包得緊,褶兒又拿得碎,如同看魔術。賓主不分,打成一片。既不用讓坐,也不須敬酒。大家止不住大吃大喝起來。談笑夠了,吃喝飽了,抹抹嘴兒,說聲謝謝!明天見!那份兒親切,隨便,實足懷戀!走到門首,只說一聲你坐車的後三個號碼,麥克風一叫,雖然百輛迎門,可是有條不紊,一輛輛華貴的小汽車,悄然駛到階下。登車而去,結束了快樂的另一天!

三宴

十六日照例開會,選舉新院士。這天是行政院長蔣經國在三軍俱樂部歡宴。這裡場面堂皇偉大,雖然是席開數十桌,依然空闊涼爽。夫人們各自由圓山飯店到達。因新院士難產,所以院士老爺們姍姍來遲。我找了一個牆角邊的桌子坐下,和一群怕見人的老朋友們坐在一起,悄悄地談笑。半點鐘以後,院士們紛紛來到。因本屆有十八位候選人,競爭激烈,會議六小時,投票凡五次,選出新院士八人。計有周文德、張伯毅、郭宗德、余英時、張光直、方豪、蔣復璁。現在新舊院士共達八十四位。等到方桂紅紅的臉在人叢中出現時,我看到他很累,趕緊招手叫他到我坐的桌上來,尚未坐定,他偏又被公舉致謝辭,我反而又被拉到他坐的主席桌上去了。

蔣經國先生起立敬酒致辭。他說為了實行節約,今天只備鄉土宴:名叫"開門見山,一目了然"。物簡意誠,望大家努力加餐。方桂起立答謝。他說:"蒙院長盛情招待,這種豐盛別致又具家鄉風味的酒菜,使大家都深切感到遊子歸家的興奮和歡樂,謹代表大家向院長致謝!"賓主都那麼乾脆簡捷,每句都是衷腸話,既不要做文章,也不必把那些安邦定國的大話掛在嘴上,全場一片和諧愉快!

且說這席酒為甚麼有這個名稱呢?因為菜肴一齊上

桌,不用三盤兩碗地慢慢往上擺,故名"開門見山"。客人一上桌一看就"一目了然"。不必吃着上一道,想着下一道了。那天的菜單到底是甚麼呢?菜四盤:鳳尾魚,油爆蝦,肉絲炒榨菜,雪裡蕻燴千張。主食兩色:花捲,蒸餃。樣樣都擺在圓桌的大轉盤上,當中一隻大銀鼎,比普通的洗臉盆還深還大,名叫復興鍋,裡面盛了打撈不盡的山珍海味。有海參、魚唇、豬肚、魚丸、鴨塊、魷魚、冬菇、冬筍、腐竹、油豆腐,中間還漂着一窩虎皮蛋。蔣先生和秘書長費驊雙雙起立為我們盛湯撈菜,每人都吃了兩三碗,鼎底還有別種菜出現,真是大哉鍋也!

方桂在首席,政府的官員們都要殷殷垂詢。方桂過後說:"和政要們哪能談學問?我是不折不扣地說了一晚上的廢話!"談學問是他的快樂,說廢話,他可受罪了。

大會一下幕,正事已交待了,以後是研究院刻意安排的旅遊。咱們不寫遊記,且不去說它。只談回到母校清華大學的一小點兒回憶。車一到達,就有徐賢修校長及各院院長來歡迎老校友李方桂。校長述說大學數年來的發展,將來的展望。提到北京的水木清華,是多年教授和同學的向往神馳的地方。但自離別北京校園七年後,才在臺灣復校。十餘年來自梅貽琦以及各任校長慘澹經營,現在居然在新竹市找到二百一十畝崗陵起伏,湖水澄澈的大校園。氣候比臺北市乾燥涼爽,麗日晴天,無空氣污染,成功湖橫臥在校園中心,極具水光山色之美。古樹參天,幽雅宜人。方桂一見清華二字,就真像是回了家一樣,歡喜得要住兩三天再走。並且全神貫註地聽校長報告一切。校長說最近又設立了三院，十二所，七系。學生一千二百人，教職員二百人。學生的學、宿、膳、醫雜費等每學期二千五百多元新臺幣，約合美金七十元。這種數字，這種學校，在全世界恐也難找到第二處吧。現在要設立文學院，創辦語言學系，因此他向回國的院士們、文學界的大師們呼籲了。方桂立刻答應此系若開辦，他一定無代價并捐贈書籍來義務講學，這是他一向要回饋母校的願望，可惜只差了半年的時限，沒有達成這個願望！悲夫！

然後大家回到梅園致敬。梅樹數百株，恬適幽靜，好一個學人長眠處。回憶抗戰期間，梅校長來四川李莊開會，天旱江輪停十天，校長也就在我家擱淺了十天，朝夕受教很多。一九五五年初次回臺灣，校長親敬我一杯酒說謝我居停十日的打擾。那時還有羅莘田兄隨侍，一晃三十年，二公都久已作古！大家向陵墓鞠躬致敬，懷着沉重的心情離去！

晚風徐徐中在成功湖畔散步，跨過克恭橋，這是故校友瞿克恭的老弟建來紀念兄長的，手足情深，令人起敬！橋那端有座湖心亭，三五個年輕人在彈吉他歌唱。校長讓他們別停也別走，彈吉他伴奏大家唱校歌，於是乎"西山蒼蒼，東海茫茫"，大家高唱入雲，至為愉快！校長向他們說："你們知道嗎？這裡有李方桂是五十年前畢業的老學長同我們合唱呢！"大家紛紛都來握手，並說一定要向大學長看齊！方桂說他真有無限的情誼和感懷！並希望這一群小學弟一定要在學業上努力，在社會貢獻所長，後生可畏，好自為之。

32 魯格斯大學演講
Rutgers University
（一九七三年三月二十七日）

一 父子賓主

普靈斯頓（Princeton University）同魯格斯（Rutgers University）這兩座古老的大學，相距咫尺，方桂在普靈斯頓這個上半年应聘客座，而培德在魯格斯执教有年了。这样方桂同培德父子二人各據一校，分庭抗禮。本日方桂被請到魯格斯大學演講。四點半鐘，賓主齊集在新澤西樓會場。主持人是政治系主任魏禮遜（Wilson）先生，他安坐在第一把交椅上，不見動静。主席登臺了，却是李培德。他緊張兮兮地清理了一下嗓子，舉目對聽衆掃了一眼，然後打着嚴肅而恭謹的調門兒說道："我今天很榮幸向諸位介紹我們的貴賓李方桂教授來到本校作專題演講。李教授是當代的多才又廣博的語言學家。他於一九二六年在密西根大學修完本科，又對語言學發生興趣，就轉到芝加哥大學兩拜名門於薩皮爾同布龍菲爾德二位大師的門下。他在此鞏固而精確地奠定了語言學的基礎，以後數十年孜孜不倦，全力以赴地鑽研。他時時需要到蠻荒的地區作田野調查，他初次遠征就是到加州和加拿大北部調查紅印第安人語言。這種語言在李先生調查時，僅存兩個人會講，現在已成絶響。當初若不是李先生作了這份艱苦的工作，我們今日哪有這項寳貴的資料！半個世紀過去了，至今研究語言學的人，還是奉為圭臬。他作調查時，可真是一份苦差！那裡沒有食物可買，兩個月的工作時間，他每天只能吃土人送他的魚和帶去變了質的陳雞蛋充飢。五十年後的今天，他對於雞蛋和魚都沒有好感。深入鄉區，渺無人烟，沒有代步的工具，只有向本地人借匹老馬騎，或者步行。

他做過深入研究的總計有古代德文、古代英文、拉丁文、法文、高索文、梵文、藏文、印歐語言等。他做調查的有紅人、海南島人、雲貴的僮人、擺夷、泰國各種語言，一直到中國方言和上古音韻學。所以我稱他是一位多才而淵博的語言學家！"

一陣掌聲，兒子退位，爸爸上場了。他含笑而很鄭重地說："主席先生！謝謝你誇讚的介紹！我今天很高興能到貴校來講點兒語言學，題目是中國音韻學。但是這個題目並非三言兩語能道其端倪的。不過自尼克森總統（President Nickson）東訪以後，無疑地，中國語文霎時形成一股熱潮！促進諸位熱心中國的語文研究同興趣！我要說的可分成三個段落：1.中國字是經久不變的。2.中國字是多變的。3.中國方言是多種的。我的這三段說法，聽上去似乎是互相矛盾，簡直難以自圓其說，然而不然，逐條分析，便見分曉。

例一

牛、羊、日、月、關、單、彈、蟬，這幾個字，上古時的寫法，根本就是圖畫，雖經歷代的變化，和近代的寫法，相去究竟還不太遠。近代人因為有些字筆畫太複雜,把某些字簡化,比如把無字寫成无,我們以為是創造了,而在敦煌石窟裡發現唐代的人早把無寫作无了。

例二

我送舅氏,悠悠我思,何以贈之?瓊瑰玉珮。

少小離家老大回,鄉音無改鬢毛衰,兒童相見不相識,笑問客從何處來?

詩經是中國韻文的始祖,怎麼這四句詩中的第一同三四句都不押韻呢?唐詩韻律也一向是嚴格的,這四句也不太調和,其故安在?原來平、上、去、入,四聲又分成陰陽,說粵語的人又把入聲字形成透氣和不透氣的讀法而造成各種聲調,照此讀法,當然就押韻了,所以聲調方面是多變的。古時既無現代工具,如錄音機等,只有窮本溯源地多方面探討了。

例三

在中國同本省的人說話常常可以彼此不懂,更不必說隔省方言如福建廣東等地方了,所以中國方言是多種的。"

三刻鐘的演講到此圓滿結束。聽眾同學佔少數,同仁佔多數,因此討論問答非常的激烈精彩!主席報告有備好的酒會同晚餐,請大家享用。

二　萍水知音

座中有二位怪客,提了兩盒花生米來佐酒,並且參加繼續討論。入席以前,此二君又出去取了三大盒什錦花生米送給方桂，鞠躬道謝而去。大家細談此二君的來歷，既非同學，又非同事。原來是街前小店裡賣花生米的老闆同伙計。當時他們聽見一個同學談到有這麼一位中國的語言學者，來此講中國語言學，他們大概是因為好奇，就來聽了。聽後居然能了解，能欣賞，能討論，能佩服，所以又回店取了禮物送來，真是別開生面的聽眾。那麼兩個萍水相逢的人，有此表現，真是二位大知音了！

三 晚宴

晚宴開始了，據說是魏先生主廚的。烤面，生菜，各種酒類同飲料，點心，水果，清新可口，燭影熠熠，杯盤燦爛，在十分寧靜的氣氛下討論學術，進行晚餐。

我舉杯向魏先生道謝，因為我一向分享方桂演講後的宴會不知多少次了，但是公函上請我聽演講和參加晚宴的，魏先生是第一人啊！魏先生到過中國多少次了，在政治方面、社會方面都做過長期的調查，鴻著很多，一口國語說得呱呱叫，無怪乎他在禮數上又比別人周到一層了。這次演講方桂頗以為能來在兒子的工作地點表現一手兒很愉快，滿足！

33 回顧五十年 清華校友通訊（一九七四年）

方桂自離母校清華大學，一晃兒五十年。一九七四年清華校友會來信為《清華校友通訊》徵稿,方桂除了本行以外很少動筆,因此他供給我資料,我錄寫一些星星點點,作個紀念。現將原稿抄錄於後:

這三遊學府,兩拜名師的美談,幾乎說了一輩子。密西根,芝加哥,哈佛,是美國出了名的三大最高學府。四年之中他遊學其中。布龍菲爾德,薩皮爾二大語言學家座下,他受到了最親切的導誘。四年得了三個學位,奠定了他這一生語言學崗位。回國以後,就在中央研究院歷史語言研究所供職。為專任研究員,一輩子也沒換過頭銜,並膺首屆院士。前後四十餘年,有時雖然身居海外,但心縈故國,每隔一二年必回國開會、教學。往返於耶魯、哈佛、密西根、印第安納、芝加哥、普靈斯頓、俄亥俄、燕京大學、臺灣大學、華盛頓、夏威夷十二所大學之間。書和論文長長短短發表了八十餘項。在誰是誰(Who is Who)大辭典裡也賺到了二三頁的說辭。

一九三二年婚徐州徐櫻,有一男二女,孫男女六人。最近携了兒孫輩,參加紐約同臺北的清華同學會。老學長,小學弟們,見了面兒就起哄說:"有你們兩口子在場,得給我們表演崑曲。"謹遵台命! 還有人用國粹式叫好的嗓門兒高呼:"好嗓子! 好笛子!"

方桂自從華盛頓、夏威夷二所大學退休以後,他是退而不休。他利用自由自在的時間,理出歷年所搜集存稿資料,潛心寫作,夜以繼日,實在倦了,偶爾翻騰翻騰武俠小說,以緩疲勞。捕風捉影,雖屬無稽之談,但也可反映一時寫作的風尚。

方桂寫作是那麼嚴肅，吹笛度曲也毫不輕鬆。自到夏威夷大學，就在羅錦堂、陳傳芳、唐崇實、陶天翼、文車斯特、陳榮、關琴、楊文靜各位教授，博士同家屬們來向他習笛、學曲。這幾位都是資深的，還有中學生小朋友蔡蘇妮。不分老少，其他多人，每有人求教，他都盡力指點，彼此互相吹唱。他吹笛善南曲，唱曲嫻老生。每一吹唱，就和劇中人打成一片，霎時間姹紫嫣紅，天淡雲閒，竟忘了今夕何日，今日何年！

34 特殊榮譽（一九七七年）

自從一九七二年方桂從夏威夷大學退休以後，終日埋首耕耘，整理歷年積存手中的資料，幾乎是過着與人無擾、與世無爭的悠閒生活。一九七七年，又有了振奮人心的大事，方桂得了美國語言學會（Linguistics Society of America）頒發的榮譽講座，要在夏威夷大學暑期學校執教。

美國語言學會是個全國性的組織，成立於二十年代，為歷史語言設立榮譽講座，這個講座以捐款設立者的姓氏命名為高立茲講座（Hermann B. Colitz），已有六十年的歷史，每年一度夏季在各州大學輪流舉行暑期講座。榮譽講座每年的得主都是在印歐語言系有特別貢獻的學者們所獲有，本年則一破慣例，由北美紅人語言和泰國語系的權威李方桂獲得！得這項榮譽，雖然欣喜非比尋常，但也不出乎意外，因為由一九五○年方桂已被推選為此會的副會長，已是個榮譽職位，以後，又做了美國的中國語言學報的副主編，所以直接間接的工作也有三十餘年於茲了。今在暮年得此榮譽講座和獎金,確也是一喜!

35 初次返國
(一九七八年九月)

自從一九四九年方桂從哈佛大學辭職,預備回國,沒有成行,二次回耶魯大學又住了一年。沒想到這一年祖國起了天翻地覆的大變化。國民政府已遷,中央研究院也隨之離開了南京大本營。我們就暫緩歸期,方桂就了華盛頓州立大學之聘,一馬來到了長青省西雅圖市定居。這一住就是二十年。多年來,國共關係日漸惡劣,使得在美國的中國人、臺灣的人,同國內完全斷絕了音信往來。這一下子,海外的遊子誰也不知今生今世是否還能再回故國,還能再見親人!

就在這低蕩的氣壓幾乎要憋死人的時候,忽然尼克森總統帶了大隊人馬訪華了!又過了些時,方桂同我開了車子旅遊時,聽見無綫電報告即日起可以和北京直接通電話了!我高興得幾乎跳下車去!方桂說:"你先別那麼高興,你先想想你能和國內誰通電話?你們家還有誰要和你說電話呢?"此話問得何其沉痛,二三十年的兵荒馬亂,國內還有甚麼親人能和我說電話呢?不禁頹然若失!

冰山一解,中國美國之間,立刻就有了消息了。方桂八十多歲的姐姐李漪來信叫我們回去聚會幾天。七十多歲的周達甫,方桂的門人,向他報告些語言學界的動態!一有這些呼喚,多年不起漣漪的心也不由得怦然而動。事實上自己也已年歲日高,思念故土,人之常情,方桂想回國了。於是準備在一九七八年回臺灣開每次必到的中央研究院院士會議以後回大陸,方桂不願親自對錢思亮院長說甚麼,但是明人不做暗事,他怕院長為難,所以叫我向院長說我們要順道回國探親(當時探親這個名詞不像今天這麼時髦普遍)。那時國共兩方面的交流還是十分敏感,但是錢院長非常開明,他對我說:"李先生一直是不談政治的,一向是愛護中央研究院的。他是閒雲野鶴,他要到哪裡,院方無權過問。他要回國探親,我不能促駕,也不能阻攔。若是李先生愛護中央研究院的話,歸途上還請回臺灣來住幾天,休息休息!"院長言外之意,我很明白,當然就是你回中國不要緊,可別不回臺灣的中央研究院了。事實上,方桂是最愛護中央研究院的人。史語所有他的資料、工作、書籍,最不能忘懷的是他自己培養同敦請回來的學生學者們,他才不會捨棄呢!我當時說:"院長不必多慮,我們遵命!但回來時政府若有甚麼不妥處,院長做主。"院長說:"甚麼人敢對李先生不妥?那是我的事!"

到了香港等林德由加州來會,同去故園。我們到了中國旅行社去辦入境手續,這是多年以來初次同中國來的中國人打交道,心裡先有點兒不安寧,他們一看申請書就說:"噢!李先生!您怎麼沒跟徐燕生一同回國啊?"可了不得!徐燕生是我的兒媳婦,他們不但把握了家人的關係和行蹤,而且不翻檔案,毫不猶疑,脫口而出,他們辦事人員記憶的準確同調查的詳細真夠嚇人哪!我是很天真的人,立刻說:

"您的記性真好啊！怎麼知道得那麼詳細呢？"林德在旁也嚇得要死，又暗暗地扯我的袖子、踢我的腿，怕我多言闖禍。我們立刻說："沒跟她去，她是到吉林大學辦交流的，我們回去完全是探親的。"我心裡想：套句時髦話先劃清界限，以免將來出甚麼矛盾。如此這般，三天以後，我們三個人就平安降落在北京首都飛機場了。北京！久別的北京！久戀的北京！誰敢想象今生今世還能再回北京！

長解短解

中國旅行社安排了兩輛小汽車來接，一看我們三個人只帶了三個不大不重的半大箱子，很為失望。因為中國之窮，是衆所週知，凡是回去的人，都給家人帶上不少的東西。我們是沒和家裡人聯絡就回來了，這且不言，我們一下飛機就有一個長班陪同，他是自接機到送機都要陪同負責的，他就是梁君。另外每到一個城市，又有一位當地的陪同，梁君只負責本市，下一站再換人。我背後呼他們為"長解"、"短解"，《蘇三起解》裡的名稱。

梁君問我們到北京要見甚麼人，開個姓名住址條子，由他去接洽，據說三五日或十天八天才能找到。我們還要求看看李徐二家以前的住宅，他說要請示單位。好吧，等着吧！就這樣陪同算是和我們結束了回國第一天的活動。他們算是下班了。但是我們這些遠離國門三十多年的遊子，一旦回到故園北京城，走也走不安，坐也坐不住的心情，是任何人也沒有法子能形容出來的！休息一下，所謂休息，比不休息還累人。去找長短兩解，商量出遊。誰知他們已無蹤跡，逍遙去了。

陪同（解差）既然不在，我們就自由活動去吧。我們下榻的民族飯店，雖是二等旅館，但有廳堂、花園，室內有空調、有浴室，可謂食有魚，出有車，總算是舒適的了。一到前廳，抬頭就見到了故人，王蔭泰的三女婿，德籍魏保明（Paul Wilhelm）先生，他來此經商，歡談之下，他負責通知本地的親友。

何五表弟

我們在門前雇了小汽車，出門訪友。司機是二十來歲的小青年，他只認識觀光，旅遊地點。北京城的某街某巷、某胡同，他一概不知。因為幾十年來，除了觀光客已無人能坐小汽車了。方桂老馬識途，親自指揮，東彎西拐，竟然到達了我們要去的打磨廠何五表弟的家了。地方找到了，但門牌已改，下車問路。車前後圍繞了兩三圈人看熱鬧，問有誰知道何芑家住幾號，人圈中有一個白面書生說：「我知道，我可以帶路。」「請問貴姓？」「我姓何。」「你和何芑是一家麼？」「我是他兒子。」世間竟有如此巧事。世界之大，幾十年不回國，一回來就遇上故人之子，站在人群裡看熱鬧！何芑不但是方桂的表弟，又是他幼年最親近的玩伴。同何表弟一家暢敘數十年的滄桑，恍如隔世！

故巢

歸途上我們要到大甜水井九號去一探故居。司機當然還是不知道在哪裡,又是由方桂指引。那是在東城的大街,不太難找,不久在巷子裡見到一棵彎彎的酸棗兒樹,方桂大嚷:"到了!這是我的家!"朱門大開,銅環光亮,轎子廳,上馬石,依稀如舊!當年的景況同人物,隱約出現,但這全是幻想啊!頭一進院落裡,有兩個老頭兒,對坐弈棋,接談之下,原來他兩人是看門的。此房已經改成大甜水井小學校,師生八百餘人,上午和下午輪流上課。我們要去看看,他們說需向組織反映。好,你反映吧,看了也是傷心地!

司機這時已該下班,但他看了我們訪舊居激動的情形,他也感動了,他也好奇,他也願意開我們往北池子故巢探訪我家。

這一帶更是通衢。幾棵垂楊柳掃着一帶長牆。方桂又認出來了,他說:"雙卷的屋頂,這不是到了你家了麼?"天哪!當日的將軍府第,豪華壯觀,今為木材工廠!雖不破舊,但已面目全非!睹今思昔,我幾乎哭出聲來!這裡的職員聽說我是故主歸來,倒是允許我進去看看。唉!看了比不看還傷情。花園改成堆棧,月臺搭成平房,長廊也隔成小屋子,雕花楠木的隔扇竟爾半堆半埋的在泥坑裡!魚缸瓷盆,紫檀桌椅,都不知何處去了!更不見供桌上長年香燭不斷的父親的瓷像,和手捻佛珠、口誦真經的母親!東院裡更聽不見大哥嫂的笛韻曲聲,這一家歡蹦亂跳的人,竟爾烟消雲散!還有年年我生日時滿園怒放的丁香、海棠和碧綠的草坪也尋不到蹤影了!前後走走看看,真是只剩下歸鴉三五,半壁斜陽!滾着如傾的熱淚,我悽悽惶惶地出了闊別了四十餘年魂夢依戀的故居!

訪客

第二天早上九點鐘,梁同志上班了,到我們套房裡一看,滿滿的坐着一屋子的人!都是誰呢?我的妹妹徐美夫婦,侄女徐芙庚(毛毛)一家,何表弟一家,漪姐姑侄,侄子李耀祖一家,魏保明夫婦,方桂的門人周達甫、丁聲樹、馬學良、傅懋勣、朱德熙、林燾、杜榮、周祖謨、李光謨,還有我不太記得的好些人,要聯絡的和沒顧得聯絡的都來了!梁同志可省事了,一個也不用他聯絡了。但同時他也起了戒心,再也不敢離開左右了。我們的來去又很靈活,我相信他這個差事是很苦,責任不輕啊!因為我們初次返國就有這麼大的神通!

親友歡聚以後,方桂門人們現在都是各校的院長、主任之流了,他們來講條件了,硬要付我們往來的費用,作他們民族學院同北京大學的貴賓,要方桂給他們作兩次演講。方桂一聽,花用政府和學校的錢,有些於心不忍,可是請他演講,可大為高興!因為在我們想象中,處今之世,居然還有人要聽演講?還有人要聽語言學,豈非意外之喜!

爆滿

於是在北京的第六、七兩天,方桂在民族學院作專題演講,題為《中國語言學》。聽衆則限於北京大學和民族學院的教職員。由民族學院語言系主任馬學良君任主席兼介紹。演講開始不久，馬學良就出出進進，跑前跑後。我還怪他何以如此不安，攪亂秩序。原來這兩個學府以外的學生教師聽到方桂演講的消息，蜂擁而來，只好接連麥克風到另外一教室，聽眾的座位也不夠，到此只好宣布暫停，另換教室。聽眾還不斷地來，只好再換能容二百人的大會議室，大家才坐下來聽講。秩序雖不如所希望的那麼安靜，可是主席同主講人都感到莫大的欣喜同滿足！因為多年以來，到底是有學者回來演講了，也有那麼多人對於學術報告會發生那麼大的興趣，這是何其令人興奮的現象啊！第二天的報告，還是在大會議室舉行，聽眾還是爆滿！兩講以後，圓滿結束了學術性的活動。以後就是老同學和各單位的首長宴請和接見了。我們一向的慣例是每到一處都不拜官府，不會記者，今日萬里歸來，可是例外又例外的情形了。以下是一些官方活動。

北大校長

北大校長周培源，他是一九二四清華的同班，請我們吃飯，可巧這天早答應了侄女毛毛和有慈的家宴，方桂說周的宴請不能去了，漪姊回國多年，比我們了解國內的情況，說周培源現在也是大官兒了，還是應該赴他的宴。方桂笑着說：「管他甚麼大官兒大頭兒的，不去有甚麼關係。」經大家死說活勸的，漪姊還說：「我們大家替你去赴毛毛家的飯局好了，不赴官方的宴，國內可從來沒有這樣的事兒！」見了周氏夫婦，相談十分高興。周夫人王蒂澂是當年女師大八美之首。鬢邊眼梢難免有歲月的痕跡，豐姿韻致仍可想見當年。在人民大會堂，地方華麗，酒宴豐盛。一桌坐十八個人。桌心有大轉盤，盤雖轉動，但不需自己動手，菜一上桌，不過是給人看一下，然後就有侍者端下去，按人分配，再一道一道地呈獻在各人面前，每一道菜換一份餐具。酒分三種：烈酒，黃酒，米酒。小盤冷菜十二色。熱菜多少我已不記得了，只記得蘿蔔白菜等都雕花刻字，美得我都捨不得往嘴裡送。老同學談話內容十分親切，有學校的掌故，有留美的趣聞，扯到天南地北，盡歡而散。

1978年初访祖国演讲后合影

人大之宴

羅青常,人大副秘書長,王濤江,政協副秘書長,約請在北京飯店七樓特別的中餐部。酒席十分考究。民族學院副院長劉仰嶠也在座。和這些官員們所談,不外乎天氣、風景、物價等等,從不涉及敏感問題,倒也輕鬆愉快。中國的人並非每個人都說教。

回憶數年以前周恩來總理在世時,曾經三次託人帶話,想叫方桂回國一晤。趙元任、何炳棣、任之恭等是三次帶信的人。方桂不願意影響他臺灣的工作,都沒去。後來周總理又請國外十大教授訪華,方桂是其中主要人物之一。每人都不請家眷。我因方桂年長要求自費同行照料,但是國內不許我同住一個旅館,這叫甚麼條件?後來不知怎麼又答應了。方桂曾到華府開預備會,一看行程安排得甚緊,怕自己體力不夠而沒得成行。今天我們回來了,緣慳一面,周總理已經下世多年,不勝惋惜!據說周對有學問的人,很為重視,在非常時期,他掩護拯救了很多文人志士,周總理本人也很有學問,很有見地,保全了他一生的高位和美譽。

這次在北京共住了十二天,曾遊北海,登白塔。巡禮天壇,聽響牆回音壁。頤和園,上石舫。故宮三大殿,觀古畫,惜光暗無法欣賞。訪陶然亭,此為我父當年試馬處,風景雖然平平,但對我還是有其可觀及留戀處。

古都西安

由北京我們登機離去,八日到達西安。西漢、秦、隋、唐等十一代皇朝建都於此，到處都是古蹟，美不勝收。只去了最為人道的幾處，走馬觀花而已。我們住的人民大廈院落重重，花木扶疏，一大園牡丹，秋深葉落，只能想象春日的姚黃魏紫了。大雁塔是西安特有的標誌，玄奘大師譯經收藏處。塔為磚砌四方形，造型奇特，不多見。塔下慈恩寺為唐高宗紀念母后所建，孝思不匱，令人起敬。半坡的發現，世界馳名，不識者只看到破舊的瓦缸陶罐兒、泥坑土溝而已，但考古學者、人類學者，則研究分辨何者為群葬的墓穴，何者為幼兒的尸罐等等，分析觀賞，頭頭是道，林德就是其中之一。鐘樓、博物館也都點到為止。碑林蘊藏之豐，嘆為觀止。聚碑成林，不我欺也！車達驪山，細雨濛濛，使人不敢想那些釵盒定情、華清賜浴的盛唐勝事，而只想到馬嵬孤魂同皇宮裡形單影隻的一個老頭兒！五間樓頗不起眼的一所小屋，但蔣公曾在此蒙難，當然也就成為名勝了。

　　咸陽古道只是在書上看到，今日身臨其境了。參觀烽火生產大隊，遊蘋果園、棉花地等農村勝地。有位王保京秘書長，特由城市趕來拜會。後聞此人曾經十三次晉見毛主席，可見其不平凡的身份了。到戶縣看省立農民畫展，造意果然不同一般的章法。然後又頂着秋陽，踏着泥漿，因夜間豪雨，到西韓村去看壁畫。果然家家牆上都畫着整牆的畫。人物、花鳥、春耕、秋收，行色各異其趣，這倒不算出奇，只是在這個窮僻的小村莊裡，這壁畫的風氣是何以形成，是何人傳授，都很值得研究。有位青年畫家名李鳳蘭，聞是特殊的人才，我們到他家參觀同拜會。據說他不在家，也不知真假,由女兒出面招待。兒子才十六歲,已考入大學。外事局負責人白玉峰請吃晚飯,別小看鄉村的小店,魷魚燴海參,腰絲炒芹菜,在各大城市裡,還真沒吃過!

林德和我們同吃同住,一路侍奉了十幾天,她需回美國上課了。方桂遊興未盡,送她去後,頓生落寞之感!我們又前行,到了洛陽,住洛陽賓館,參觀博物館。外事局領導樊國欽請酒,席中有猴頭菌,殊不多見,聞是洛陽特產。幼時常聽說食物中有猴頭、燕窩等,今始見之,不能不提。

武則天

遊龍門石窟的導遊名劉利先,是個頗有歷史天才的小青年,在一貫的說詞中,也有些自己的見地,我的想法很有些和他相似處。武則天生前好佛,是史有記載的,相傳修建大佛,她曾捐獻了她的脂粉錢十五萬貫。當時的十五萬貫,夠十五萬百姓一年的糧食,脂粉之奢,捐獻之巨,也形成一個尖銳的對比。但不論如何,武則天確是一個有作為的女主。她的文才膽識,以及施政方針,都有了不起的高見。狄仁傑是個被誣下獄的罪人,她能明察其冤,起用為相為帥,後來此人的文績武功都不可一世。武后在世二十餘年,狄之功德不淺!她愛才、宏量,駱賓王的討武后檄文,誠然是千古的名文,其中述說武后的狠毒處真是罵得狗血噴頭,淋漓盡致,其卑賤處真是連一個小錢都不值。武后看了不但不氣不惱,反而說如此才華,何以在野?宰相之過也!哪一代的君主能有如此的表現?而徒以污亂宮幃,以遺後世之議。但試想以唐高宗晚年染患風疾，那麼脆弱多病之身，既無政治的興趣，又無政治的才華，終日懶洋洋病兮兮地把天下大事都推到她一個人身上，她正在盛年，工作之餘，當然也需要些消遣，交上幾個異性朋友，以今日的科學眼光來看，能說她多麼不對麼？而且歷代的皇帝，不管需要不需要，哪個不佔有數以千計的年輕女子？就以報復的角度來看，她既為九五之尊，很可以玩弄幾個男性啊！她才是女權運動的先驅者哪！

南京故園

到南京會到張鈺哲夫婦。張是方桂中學和大學的同班同學，留美歸來他致力於天文研究，幾乎一輩子。夫人陶強，和我同歲，大家相見，到中山陵、無梁殿、松風閣、玄武湖等舊地又都重遊一番。古往今來，又暢叙了兩三天而別，行前又到天目路，尋訪舊居，這是一九三七年我同方桂手創的自己的一所住宅。小屋子、大院子、磚砌的小樓、四房兩廳、廚房浴室都照自己意思設計畫圖，花圃涼臺也都小具庭臺的幽雅，建好了才住了三個月，方桂受耶魯大學之聘就出國了。回國後抗戰八年，勝利復員，回南京又住了三個月。方桂受哈佛之聘，又出國了，這一去三十多年，現在海外歸來，尋尋我們手創的第一個家園！

門上居然還有鈴，一按之下，來人了，問我是誰，報了我們的姓名，並說這是李方桂先生，此房的主人。開門人滿臉堆笑，說請進來坐坐，進來看看。屋裡院外都還不失當年的風貌,門窗也還整齊,内住兩戶人家。老少五六個人,都彬彬有禮,敬茶敬烟,並且說我們要是回來定居,得由政府配房子給他們,才能把房子還給我們。一問之下,他們在我們的家裡已經住了二十年了。而我們自己前後兩次也不過只住了六個月。咳!天地逆旅,人生過客,誰賓誰主?不可說!不可說也!

徐桂華

下一站到了蘇州,遊四大名園、虎丘山、寒山寺等,不在話下,會到一人,出乎意外。此人名叫徐桂華,她本姓尤,是滕縣人,五歲時遇到荒年,家人無以為生,她的父母,挑了小兒女到徐州市乞討,把桂華賣到我家為婢。她比我小兩歲,是我的玩伴。桂華自到了我家是升了天堂,豐衣足食,既無人作踐她,又無人虐待她。她帶了疥瘡同腸病進門,不久都調理醫治痊愈,形如另一個人。她主要是陪伴我的小丫鬟,我入了學校了,她就服侍我母親,照應侄兒和小妹妹們,再往後大家都走了,她忠心耿耿,隨侍大哥嫂。後來主僕都變了稱呼,她就算是拜在我哥嫂膝下,改稱爹娘。事實上,她在徐家老少三代上盡的職責義務,實難言喻,大哥嫂老年回蘇州,大嫂帶病延年,大哥也在"文革"後得了半身不遂,都由她侍奉到老送終,還立碑碣。今日相見,她改稱姑母姑父。說不盡的滄桑,說不盡的這數十年的辛酸苦辣!她腹內裝了徐氏數十年的興衰史料,我不敢多問,言之痛心!對於這樣一個了不起的小人物,方桂也由衷地起敬,囑我多多送錢給她。

上海

我們心目中的十里洋場上海，到達以後，才知道已完全不是當年的上海了。住錦江飯店。大馬路上的車水馬龍，都換上了衣着灰暗的行人。各大公司都擠滿了消費者，而櫥窗裡並不見有多少貨物。等你擠進人圈，說出你要買的東西，售貨小姐帶理不睬地說："沒有。"

到老同學尚仲衣嫂家裡一看，其簡陋不可想象，尤其是他常坐的皮沙發椅子，後背和兩旁的扶手都是被紅衛兵用刀子劃開的，麻刀棉絮都曾經翻攪又塞進去，以後數次又來翻過。試想，一樓一底住着一個窮教授的家眷，有甚麼可翻的？竟遭如此的煩擾，其他的人，更何堪設想？

朱氏喬遷

次日就見到了方桂在芝加哥的老同學朱鶴年。他是上海軍醫大學的資深教授，他們老太爺是五十年前，約在一九二〇年，上海的名醫朱南山。昔日的豪華不必講它，文革期間朱鶴年一家被掃地出門，祖孫三代只配給了兩間房子。以後兩三次向上級申請比較合理些的住處，據云已經批准，但是遲遲也不見動靜，現在朱君向校方報告說，老同學李方桂要來拜會，如何接待？校方連夜給他搬了三房兩廳的一個單元。第二天我們到朱家吃飯，朱君說："小心！可別靠牆，連夜粉刷還沒乾透。門窗的新油漆也黏衣黏手！"朱君直向方桂道謝,說數十年來真是蝸居,今日喬遷,是老同學之賜!而一九三七年他們曾招待我們住過的大宅,則久已分配給為人民服務有功之人住了。

朱家招待我們的糖果香烟,和賓館裡的一樣。滿桌的酒席豐盛無比,還有侍役上菜、斟酒。我們大為惶恐!如此鋪張,豈是朱家今日所能供應的?一問之下,原來是朱兄向校方申請,說他要招待老友,校方說李方桂夫婦是大貴賓,不能隨便招待,要有一定的排場。朱君說:"我們是老同學,豆腐白菜,我也要招待。"校方說:"既然如此,一切食品都由校方送來,連泡茶的水,也不能用你家的。如果有甚麼不妥處,李氏吃病了,何人負責?"我們聽了才恍然大悟。大家大吃大喝大笑!在國內國外闖蕩了數十年,在哪裡不是一個平民老百姓。一天一變而為大貴賓!在這個新制度之下,有時神秘得令人心驚膽戰,有時又令人受寵若驚,真是啼笑皆非!

訪俞大師

方桂自吹笛唱曲以來,雖久仰昆曲大師俞振飛,但臺上臺下都從未一睹尊容,現在近水樓臺,他決定要去訪問,經過安排,到了俞家,略事寒暄,談曲以後,俞先生唱了一段《長生殿》裡的《哭像》,其轉腔吐字之帶感情,非一般人所能摹擬到家的,感人之處,聞之淚下。那天方桂借口笛手不熟未唱,我一向藝低膽大,笛手雖生,但人家高明,我怎麼都能混過去,放聲唱了一曲《小宴》裡的《泣顏回》,正在惶恐怕丟人，誰知俞老竟誇獎我字正腔圓，功力深厚，音色高昂够唱正工調！老天！人有不虞之譽，求全之毁，此之謂也。那時海外的一些大曲人，還没回國，所以俞老以為我們在外多年，都已披髮左衽了呢。又被招待烟茶點心，一切飲料也和朱家的一個款式，我們也明白它的來源了。第二天方桂在錦江飯店請俞大師夫婦同他的徒弟們吃飯，飯後叫他們的專用車子來接，司機已經下班，而俞君出入又不能坐普通車子，飯店裡的出租車子也不能隨便用，那就必須方桂簽名要車子送俞氏一些人回家。這真是一個不自由的辦法，相反地，有些人就不免要作威作福起來。

杭州之遊

以後朱鶴年夫婦又以陪同老同學為名，得到當局許可到杭州旅遊。海寧觀潮，西湖泛舟，中秋月圓，當夜九點鐘上船遊湖賞月，三潭依舊，舫影如昔，我們都幾疑是夢境！船邊游魚躍出水面十五次之多，據說是要交好運。朱兄口占打油詩一首：大地遊蘇杭，勝過上天堂。回憶往昔事，黃粱夢一場！人到耄耋年，舊情最難忘！舉目向前看，創新樂洋洋！第二年中秋賞月，方桂同我甚為懷念老友同遊之樂，不勝戚戚！我也寄他們打油詩一首：去歲今宵月，泛舟西子湖。故人喜相見，快語似連珠！暌違四十載，兒孫滿庭廬，何期再逢君？搔首問蟾蜍！

四個人逍逍遙遙地一起玩了一星期。沿途食用，我們只花自己的一份，朱兄當然没有閒錢旅行，我們當然要請他們,他們堅拒,原來又算官方派他們招待李方桂的。如此一來,方桂有些膽怯了,他覺得自己旅行多年,對國家無任何貢獻,今蒙如此厚待,這個人情債,實在是無法荷負啊!

廣州

從杭州直赴廣州的東方賓館,套房設備豪華,不遜於上海的錦江飯店,於此可見歸僑的盛況。第二天由外事處的王處長接待,只記得王是老鄉,方桂立刻發生好感。大名我們都不記得了,因是山西人,方桂就覺得是自己人。方桂雖然沒到過老家,但是鄉土觀念頗深,這是這次回國我對他的新發現。王君陪伴到從化溫泉觀光。車軸中途折斷,改搭巴士到從化縣公車中心站。潘站長一看,大為着慌,說大貴賓怎麼可以坐公車?改調小車子,但是小地方,車子一時調不到,只好派大公車一輛,專程送我們到從化溫泉賓館。四五個人坐在大公車裡,曠曠噹噹,咱們還從來沒有過這個派頭!

廣州的晚宴,是由官方邀請,所以有省革委會劉田夫同志、廣東省辦公廳副主任杜長天、中山大學校長李嘉仁、副校長黃煥秋、教授高華年、外事處處長王午成,于金枝、梁榮元、曾宜君三位陪同同志歡聚於迎賓館,觥籌交錯,意見交流,熱鬧了一晚。

中山大學

中山大學邀請方桂開一個臨時的座談會。到了資深的語言學家十五六位,中文系、歷史系的教授、講師二十餘人。講的內容是中國音韻學,同唐蕃會盟碑。雖是前一天動議,但有關語言、歷史、文學、考古的資料都包括了,聽眾皆大歡喜。聽眾中有善意的誇獎方桂的才華而說李先生真是淵博,隨便講講都使聽眾得到極大的啟發!方桂微笑致謝!可是我禁不住向大家說明,雖是臨時動議,方桂可不隨便發言,他還真是開了夜車,認真準備,並不是把前一站的稿子,下一站抽出來再講。他每一次的演講稿,回家都要整理,搜集成冊的。第一自己不能矇自己,再說來聽者都是高明、專家、學者,每一句話都得站得住,這是他一向治學的態度。他之被請演講,不知者看着很輕鬆,開夜車、繞屋子打轉徘徊,只有我一個人才知道其中的甘苦!

談起方桂的演講,他實在是十分認真,不管是甚麼場合,都很少拒絕。他並非是求名求利,只是一心一意鞭策鼓勵自己多研究、多發揮、多貢獻而已。有一次,他被夏威夷小學四年級請去演講,他也欣然應命。十歲的小聽眾,他從沒接觸過,預備材料,煞費苦心,這是對小聽眾語言學的啟蒙材料啊!他給小聽眾講的可不是《潘彼德》或者《小紅帽兒》等等,他講的是用何種方法、何種形式的語言,才能達到他們所需要和所不需要的某種目的,我當時也成了他的忠實聽眾之一,講後師生熱烈喝彩!級長小女孩獻上大花串,一大盒本地名產榛子巧克力糖,還有甜蜜的一吻。他自認為是歷年來最輕鬆愉快又甜蜜的一講。

回歸祖國的一程,將近尾聲。長解梁君老實而沒大有趣味的人,同行二三十天,臨別竟無依依之感,這也就是無緣吧!他把我們轉手交給陪同回深圳的曾同志。曾同志是個小心翼翼的人,他看我行李中有一個一尺見方的小木盒子,他兜着圈子說木盒子不好拿,改成包袱,便於上下等等。我說甭說廢話了,要檢查就直說,打開給你看就完了。回國來,還沒見到你這麼仔細的人。車到深圳,又一位梁君來接,曾同志退席。最後由梁君押解我們到了九龍,一車回到了中文大學雅禮賓館這個自由的世界!

香港

回到香港又有一番盛況。洗塵宴座中有邢慕寰、劉殿光、鄭德坤、宋晞,還有二位日本教授,余光中、陳之藩、陳荊和諸位教授。其中最惹人矚目的是大名鼎鼎年輕貌美的林文月。久聞其名。她在學生時期,教授時期,顛倒了多少位同學同事們。我雖久仰,但是緣慳一面。今日相逢,果然不同凡響!她雖然已是四十餘歲的人了,但腰肢還是那麼婀娜,言笑之間頗有少女那股子腼腆勁兒。薄施脂粉,淡點朱唇,一眼看上去,雖非天姿國色,可是跟她交談之後,只覺得她清雅超俗,静嫻親切,而且十分謙虛。她和方桂有一年的師生之雅,和我從未謀面,可是聲聲師母叫得那麼甜脆自然!與其揣測着說她豐姿不減當年,但我覺得恐怕當年就是和現在一樣。因我認為像那個典型,歲月是不會在她面貌上留甚麼痕跡的!那晚的高潮除了歡迎李方桂返國平安歸來而外,就是聽林文月演講日本古典小說《源氏物語》翻譯過程的經驗了。此書出自女作家之手,據云是全世界最長的小說。其排場及章法頗似我國的《紅樓夢》,出版年月相當我國宋朝,譯程的浩大,可以想象。中年女學人有此成績,實在難能可貴,林氏真是才貌雙全。

回臺

再次束裝,是實踐向錢思亮院長的承諾,回臺灣。飛機到達,院長親自來接。握手寒暄,至為愉快!院長親送方桂同我由貴賓室直達圓山飯店。

行李是由庶務主任趙保軒、丁邦新教授領取。過關時發現我們的箱子上貼了一個一寸見方的小紙條兒,上印廣州二字。海關人員說:"嗯!廣州!"趙保軒一時手足無所措,慌得不知如何解答。丁邦新跨前一步說:"這有甚麼大驚小怪?我們不是要知道大陸上的真相麼?李方桂先生大陸探親歸來,不是正可以和咱們說明一切麼?"海關人員也無可奈何,只有呆呆地看着行李。照例趙、丁來取行李,是向不檢查的。這時丁君自動打開一口提箱說:"你們看看吧!"海關人員說:"李方桂先生的行李,有甚麼可看?"嘴裡雖如此說,還是把箱子裡的東西隨隨便便地翻騰了兩下,說:"您請吧。"

第二天各報記者來採訪。方桂說:"我倒是很喜歡和年輕的記者們談談學術方面的動態和研究方面的進展等等。但這次只是探親歸來,在大陸我曾拒絕和記者會面,回到臺灣我也沒有甚麼可說的,而且我也很倦了,咱們下次再談吧。"海峽兩岸的記者們都沒能從方桂口中問出甚麼苗頭來,都失望而散!

在臺灣又住了一星期,沒有甚麼官方的活動。至近的親友們都知道方桂回歸之行是專為探望他八十歲的胞姊在天津醫院裡作病理研究的李漪醫生。

飛機啟行前,官方的私人的同事、學生、親戚又是一大群人歡送起飛。八小時以後,平安降落於碧海藍天、花香鳥語的夏威夷島。這裡的海水是如此的溫馨,這裡的空氣是如此的自由。家!我們自己的家,是如此的令人依戀、陶醉!

36 首屆國際漢學會議——挨罵 (一九八〇年)

中央研究院每兩年舉行一次的院士會議,是中國學者專家們交流切磋的好機會,但這只限於國內國外的中國人。錢院長高瞻遠矚,以及部份學者們都覺得有跟外國的專家學者們溝通的必要。尤其是漢學方面,因為近年來科學技術掛帥,大家都一窩蜂似的向科學方面進攻,而人文方面就相形冷落了,而外國的漢學家們,則比數十年前的陣容更加龐大起來,甚至於有禮失而求諸野的傾向。因此研究中國文史的人,有時會跑到國外翻圖書、找資料,中國學生到外國攻文哲,都不是不常見的事,所以國際漢學會議就在此情形下誕生了。

本會不但要動員國內的學者，主要還要羅致國外的學者，方桂既然在國外教書做研究多年，錢院長請他擔任秘書長，便於和國外學者們聯絡。折衝樽俎，本非擅長，何況真會有很多頭痛事，但禁不住院長一力促請，又有大弟子丁邦新答應一切事務由他全力處理，只要方桂應個名而已。方桂說："糟了！既要我出名，我就要有我的職守和原則，可有替我辦不了的事啊！譬如說國外請何人的選擇，國內論文的取捨，這些問題不把握恰當，不得挨罵嗎？"大家一致的懇求他勉為其難。方桂無可奈何地說："好吧！我去挨罵吧！"於是大家同心合力，選拔斟酌，共請了國內外專家學者二百多人。以後刊出論文十大冊。這是後話，暫且不言。

既然名稱是漢學，那包括可廣了：語言，文字，歷史，哲學，宗教，文學，藝術等等，無所不能說不是漢學。這一來，中國學者出籠了。中國的讀書人，就像咱們，誰都念過幾本線裝書，誰都寫過幾篇小文章，寄給哪家報刊雜誌，誰敢不給咱們登？咱們的朋友誰能不捧兩句？被捧者不禁飄飄然，自以為是大學者大專家了。這些大學者大專家們紛紛自動要來開會，還要宣讀論文。院長可為難了，有的人知名度也頗高，有的人官級也還不小，他要求入會還算是看得起你中央研究院，如果來者不加拒絕，人是越來越多，論文是越寫越不成話，方桂可急了。他宣布學者非專家不請，論文非現寫的不要。有些多年前發表過的舊文，要拿來宣讀佔時間，一律取消。一時議論紛紛，情勢複雜。可是方桂依然秉公鐵面執行任務，有幾位長者院長實在無法拒絕，只好允許他們來開會。有些人講得不够標準,丁邦新、梅祖麟氣得跑到室外站着直嚷嚷。林瑜鏗、鄭恒雄也來說有些大老們說廢話,不成文,貽笑大方,全室嘩然!又有某人讀文,丁邦新、龍宇純一齊辯駁,十分尷尬!幸而緊急散會,不然難以下臺!方桂氣得吃不下飯,我問他一向是喜怒不形於色的人,何至於此?他說接聽過好幾起不客氣的電話,今天竟有人在電話裡破口大罵,三字經都出了口,還有極野蠻的下流話。辱及尊長,真是罪過!讀書人中竟有如此不堪者,論文中竟有如此不通者。方桂鐵面執行,豈是無因?幸而沒有揮拳,平安閉幕!

事後方桂問老朋友芝加哥大學的資深教授卡爾瑞(Creal)夫婦,談及此會的得失,據他們的觀察,多半洋專家們認為國人對他們招待得過分奢侈,而會議組織欠佳。最糟的是有幾篇不够份量的論文,影響好多專題研究反而沒能有機會發揮,頗為遺憾!雖經方桂多方面該拒絕的拒絕、該爭取的爭取,還難免顧此失彼、滄海遺珠,否則的話,真難設想了。方桂這任秘書長,當得實在辛苦痛心!

37　年終圍爐坐　娓娓敘當年

歲已暮,情轉深。十二月二十日,西雅圖的三五清華同學發起年前聚餐。方桂與我,因回西雅圖探女,應邀參加,中國人在一起一說包餃子,人就越來越多。下午四五時之間,負責調餡兒的、和面的、擀皮兒的都陸續來到,大夥兒嘰嘰呱呱,十分熱鬧。方桂也湊熱鬧走進廚房,也要表演一番,因他也是包餃子的好手快手。一看包餃子的人多,擀皮兒的人少,供不應求,進行緩慢,他向我呼救了:"別儘顧着說廢話了,快來擀皮兒吧!否則今晚餃子吃不成了!""來也!你們看我的!"右手握擀面杖,左手轉麵團,連拉帶扯,四下子就擀出一個底兒厚邊兒薄又圓又齊的皮兒來。同學們都說:"領教您的表演啦!"話還沒說完,嚴倚雲進門了。她說:"你們看我的,兩下子就擀一張皮兒。"其言已大有火藥味兒了。以後我們兩人又為一點兒小事爭執起來。她說:"真該打!"我說:"這些同學都比咱們小一大截子,誰來打你?那只有我來動手了!"話沒說完,她已舉手,我不示弱,當然也伸拳。大家立刻顯出驚異的神色,心裡一定在想:這兩位六七十歲的老太太,怎麼回事?一定都是老半瘋子!我立刻向他們解釋:"你們別害怕。李先生教華大時,嚴老師是他的左右手,又和我是老同學,交情在四五十年以上,見了面兒不是吵,就是打,沒有三兩句正經話說。"大家這才恍然大悟,哈哈大笑說:"這真是返老還童啊!"最近得知,嚴倚雲也因腎臟病於十月間作古了!享年八十歲,老友又去一人!

西雅圖冬季的雨,淅淅瀝瀝,不大不小,不停不歇,使人憂悒沉悶!幸有壁爐裡的乾柴,噼嚦啪啦,時而爆出火花,時而噴出烟味。圍坐其間,暖氣撲人,頓使天涯遊子,感到無限的家庭溫馨!

一頓豐盛的晚餐,狼吞虎咽,風捲殘雲!這才通名報姓,寒暄起來,各自報告學科、行業、家庭狀況等等。方桂是一九二四年級,是在座半個世紀以上大學長。公推他講一些清華早年的情形和掌故。

他說:"以前的清華不算大學,只稱清華學堂。所以學生中有從中小學來的,也有中學畢業考進來的,我就屬於後者。那時校規極嚴,一律男生,全體住校。週末沒有家長的信件,不准出校。星期日需按時歸校,過時受處罰。

三餐是八人一桌,八菜一湯,十分清淡。二十歲上下的小夥子,一吃飯就是四五碗,菜哪裡夠吃?就叫廚房加菜。學生貧富不等,富家子弟可以加蛋肉之類,一般的就能加盤鹹菜,澆點兒麻油。所以我們常聽說加油加油,後來在運動場上常呼加油,就是這個典故。

日常伙食費都在入學時付清,但加菜不付現,都由廚房賒賬。放假和學生們回家時,廚子們都到宿舍門前列隊歡送,其實都是來討債的,這也形成當日的一景!有些清寒學生,年終回家,還是無錢還債,廚子們只有耐心地等、等、等,一直等到他們畢業要出洋了,這時他們可有錢了,不但有留學的官費,還有製裝、旅行各項費用。把歷年的積債,一律本利還清,皆大歡喜!至於債務究竟是多少,是幾年,幾分利息,也無人再去囉嗦,可見那時的人情味和責任心是何其純厚、誠懇哪!

自從一九二八年,才改成清華大學,羅家倫是首任校長,在任三年,建樹很多。大家都說只知他是羅大使和政治中央兩大學的校長,不知他和清華大學短短三年的淵源,這真是歷史啊!

羅家倫夫人張維楨女士,在西雅圖和長女久芳及婿張桂生教授定居。日前還談到清華大學改成大學,招收女生的盛況。宋麗琛女士被選為首屆皇后,還由校長夫人加冕!麗琛年前過世了。羅夫人九旬多高齡,還每日散步三哩,閱讀不輟,精神可嘉啊!"

同學們又問當年出洋時,有何規章及限制。方桂說一切條文都沒有,出校以後,全憑本人的本領,自己去闖天下。青雲有路,前途完全在自己的掌握中。以後又應同學們之請,述他如何改行,如何投師,以及如何入社會專語言學等等。皆詳拙著《金婚》中。在此不多贅言,諸同學一起說:"李先生,與君一席話,勝讀十年書,使我們得到無限的啟發和鼓勵。"

38 第十四屆漢藏語文學會花絮

一九八一年十月三十一日漢藏語文學會在佛羅里達大學開會,主持人是屈承熹教授。屈君是臺北師範大學出身,美國德州大學的博士。此人年輕有為,任勞任怨。大會由他隻手組織,面面周到,頗非易事。到會五十餘人,來自臺北、香港、法國、泰國、印度以及美國一些大學,不大不小,濟濟一堂,十分融洽。

大會由屈教授介紹文學院長並致開幕辭,簡單明瞭,一番客氣話,大會順序展開。每組約由五六人組成,輪流當主席,次第宣讀論文。每人約給十幾分鐘,討論五六分鐘。寫文時唯恐不詳,讀文時則唯恐不快。主席手裡拿着紙片兒,隨時在讀論文的人面前晃來晃去,不時低低地說着:"還有三分鐘了,只有兩分鐘了,立停!"真是分秒必爭,好不緊張!

一組讀完,大家出場,喝咖啡、吃點心、抽烟,再入會場,再繼續讀論文,直到中午在會的中心(Union Center)午餐。稍事休息,又開始下午組,如前進行,直到晚餐以前。這時一日將終,人困馬乏,誰不想溜回自己房間喘口氣。忽然間屈君上了椅子了!他說:"大家進會場啊!這是大會的高潮!李方桂先生唯一不限定時間的演講,唯一不限定時間的討論交流,現在開始!"這一嚷嚷,大家爭先恐後,急急入場。

首先由保羅(Paul Benedict)君發言。此人是心理學教授兼醫生,年輕時曾在芝加哥大學攻讀語言學。他說:"關於李方桂教授我不多介紹了,只告訴你們他是薩皮爾、布龍菲爾德二大宗師的嫡傳弟子,大家都可知他的權威性了!他一九二六年在密西根得學士學位,一九二七年在芝加哥大學得碩士學位,一九二八年又在芝加哥大學得博士學位了。現在別的不說,我要說我自己。李方桂到密西根大學不久,我也到那裡讀語言學,就聽見好多人都說李方桂。此後一年,他到芝加哥大學了,我也到了那裡,聽說李方桂首次調查的文稿,已出版為博士論文了。再過一年,李方桂三字登上名人年刊 Who is Who 了,這就是我所知道的李方桂。在座諸君也許知道的李方桂比我更深一層,我也不多說了。至於演講的題材:唐蕃會盟碑,其內容精彩處,由他的文章自己說明,恕我不多談。我只報告花絮,不討論學問。"這簡短風趣又別致的介紹,博得全堂的喝彩!

萬聖節(Halloween Day)

花絮以外還有花絮。閉會之日正是美國的鬼節,中國人叫它是萬聖節。小孩們到了晚上,都穿了奇裝異服,到各附近人家敲門討糖果,如不招待,可以毀瓦畫垣、任意破壞。這是循例的風俗,各城皆然。但在佛州,崗城變本加厲,不但小孩,大人也借機發瘋,更起哄鬧得野蠻。晚宴後清閒,我們也去參加鬼節晚會,見見世面。有位女學生告訴我去年的晚會,曾聚集了一萬七千人,從六點鐘鬧到次晨三點鐘,還不肯散,出了很多事,最後還是校方出面才散會。我問她:"既然如此熱鬧,你為甚麼不去玩?反來此聽演講、參加晚宴,而失去一年一次的盛會?"她說:"啊呀呀!我才不去!好人誰敢去?您要去,我冒險陪您一去。"我因不明就裡,更想去開開眼界了。

我們賓主數人結隊往晚會進發。第一隊碰見幾個小孩兒,扮演白雪公主、七個小矮人、米老鼠、唐老鴨等等,嘻嘻哈哈而過。媽媽們在後督隊,一面說笑,一面欣賞自己孩子們的天真可愛,還要告訴矚目的路人,哪件衣服是她自己設計,哪件衣服是她已經當了經理或教授的大兒大女從前穿的。盼顧之間,頗得其樂!這也是母子同樂的其道之一。現在美國的父母,只講究賺錢嬌養而付給兒女的精神和時間真是少之又少了。

第二隊來了一群男扮女裝的淑女們。他們穿了衫裙，抹了脂粉，環珮叮噹，跨着粗腿，邁着大步，扭捏而來！我迎上前說："女孩子們，過來讓我看看，你們有多漂亮！"他們一個個過來和我拉拉手，請個安，敷衍了一下。但忽然看見方桂這位道貌岸然的中國老頭兒，很是他們惡作劇的對象，就一擁而上，用女孩子們的那股子親熱勁兒，又擁抱，又親頰，又拉着手不放。而這位老頭兒也不土，他也彬彬有禮地以男士對女士的姿態向他們寒暄。同行的人，深怕再有任何尷尬場面出現，趕緊警告他們別再胡鬧，這是本校的貴賓，來演講的大名人李方桂先生。此三字在校園裡還真吃得開，大家一聽，登時改了嬉笑的面孔，很嚴肅地談起語言學來。這一來，賓主都十分愉快地步入鬼節晚會會場。

入會場一看，可了不得！老老少少男男女女，都裝扮得奇形怪狀，一時間，鬼魅魍魎集體出籠！其中有一男士，只穿了一條短內褲，滿屋子爬行。還有渾身赤裸，腰間只鬆鬆圍了一條毛巾的。這還不出奇，忽有一人，是個彪形大漢，戴着鬼臉，赤足蓬頭，穿着個及膝的大衣，呼喝而來，等他進屋，大家對他注視的時候，他把大衣一敞，裡面是赤條條來去無牽掛的！就連那見怪不怪的美國人，也不禁舉室嘩然，噓聲四起！他還得意洋洋，大搖大擺，摟摟這個，拉拉那個，把那些小姐兒們嚇得吱吱鬼叫，四面奔逃！到此我才懂得那位小姐說不敢參加鬼節晚會的理由！

另外一間屋子裡，擺得滿桌的瓜果酒菜，十分豐盛。人鬼混雜，大吃大喝，酣歌暢舞，也有他娛樂性的一面。

玩到半夜，醉飽而出。外間衣架上失去三件大衣，方桂同我竟是其中兩件的失主！當時向會場負責人交涉，他們說："今晚是鬼節啊！全城的大人孩子，甚麼惡作劇都可以鬧得無法無天！受害者只有徒呼奈何而已！大衣如有下文，當向你們報告。"這當然是永無下文的下文了！

第二天，借了張武昌同學的車子，由李振清司機，還有鄭良偉、曹逢甫同我們，這一車子大教授們遊覽本城一周，然後就到舉世聞名的兒童天堂迪斯尼世界觀光去也！

39 金婚（一九八二年危疾）

可了不得！一九八二年是方桂和我的大喜年！也是大驚年！俗語云久病成名醫。又說：平時不生病，生病就要命。此話更是名言、明言。一九八一年秋冬之際，好端端的方桂，一連串在兩個月之內，摔了三次跤。摔後爬起來，說說笑笑，如無其事，照常出遊、會客、旅行。誰能想到那是大病的前驅呢？雖然他將是八十歲的人了，因一向健康，就沒覺得這是病徵。八二年，我們到舊金山探林德，住在她的公寓裡。正值除夕，他在睡夢間，發覺胸痛氣短，其勢驚人。由林德穗檀叫救護車，送醫院急診，觀察了一星期，無病，不用藥物，回家了，這可是第一個紅燈啊！此事發生在林德家。三日以後，我們回夏威夷，在機場裡又不對勁了，趕緊再回醫院，住三天，又無事了，回家。十日夜間又病了，住醫院兩星期，又不用藥物，又回家了。寄女孫穗芳介紹心科專家李劍雄醫生。他一診斷，糟了！事態嚴重！原來他患的是心血管阻塞，已達五條，除了開心接管之外，已無他法！這種駭人聞聽的大手術，施於一個八旬老翁身上，誰敢樂觀？但李氏真名醫也！斷言方桂心臟健康，不亞青年，開刀冒險性不大。穗芳又擇了黃道吉日，將於三月十九日施行手術。

十六日散步時，方桂又感到頭昏氣短，赴醫急救。到這時大家只有堅定信心、聽命由天了。一個人一旦生了病，身家性命，只有等待命運和醫生的安排。我同穗芳、關琴、周芳梅、鳳儀、傳芳大家到醫院看着他。說說笑笑，不談病情，寬他的心情。可是十八日在我回家以前，心怯空房不忍歸之感立刻兜上心頭。鳳儀、傳芳提議陪我回家過夜，明晨七時再同來，送方桂入手術室。因方桂正不放心我一人獨來獨往。我心裡一陣悽惶，怕非吉兆！因為他一直沒對我不放心過，而且早晨他忽然給我倒了一杯蘋果汁，給我吃藥丸用的。啊呀！蜜也似的蘋果汁，我喝到嘴裡，心裡却比黃連還苦。

十九日凌晨，我們趕到醫院。這是大家最怕的一天，也是最盼的一天！我推了方桂的病牀，緩緩而行，大家都祝福他，我偎着他的臉說："君子安貧，達人知命，你千萬要勇敢地接受未來的一切啊！"說到此，再也忍不住如傾的珠淚，滾到他的臉上。護士走過來，由我手上接過病牀，推入手術室，我被摒棄於門外，我只覺得有幽冥異路之感！木立半响,不知所措!我們在休息室靜候佳音,傳芳、鳳儀天南地北,和我閒聊,他們是好心,可惜我一句也沒聽到,只覺壁上一尺見圓的大鐘,兩根針像是停了似的,一動也不動!關琴拉了我的手,到園中散步。陽光普照,繁花似錦,大地一片生機,而我憂心如擣,恨天恨地,世界為甚麼要如此光華,偏偏把我關在地獄中!?三番五次向手術室問詢,都還沒有結果!直到十二點,我也要回家服藥了,才抱着心上的一塊大石頭,怏怏而去,正好像世界已到末日了!忽然醫院來電話,我手抖心跳,幾乎昏了過去!可是大喜,手術順利完成,方桂已平安出險!自上午八時到下午一時,在腿上取出小血管二尺,開胸換心臟血管五條,到此他算是闖過了鬼門第一關!我這時血脈鬆弛,如解倒懸,天下再發生任何大事,好像都與我無關了。現在回想,才真是天下任何大事,都與我無關了,若方桂去了,我還有甚麼?花花世界,無非是海市蜃樓,全成泡影,我只是擁着滿懷的空虛!除了空虛,還是空虛!空虛而外,我還何有?

且說方桂恢復期間,受了不少苦。身體已很弱,還要拖着受傷的腿散步。胸部傷口疼痛,還沒復原,却要抱着枕頭咳嗽吐痰。他倒是幽默自嘲說自己變成了捧了心的西施!雖然受罪,倒是一帆風順,病情體力,漸漸好轉。而且兒女女婿以及門人朋友,輪流侍疾探望,頗不寂寞。當月二十六日方桂居然出院,回家調養,八天時光,竟而轉危為安!醫藥手術之精良,實在使人驚喜!

三天以後,穗檀安德二人先回工作地舊金山,西雅圖去了。白天有林德，夜間換培德，更換侍奉。四月三日，培德需到芝加哥大學演講，悵然作別。培德去後，方桂想到他數夜的辛勞，愛兒別去，不禁大哭，幸有一班親友勸慰。林德請假兩星期，四日也要回去上課了，父女又是一場悲傷！林德剛一上車，穗芳就來叫她，說老人家痛哭不止，他們真是手足無措，又說："你再下來勸勸吧！"林德說："時間已迫，我只有狠心去了，如再下車，更難分手，更多一次傷感，我只有硬了心腸去了！拜託，拜託！"這才是丈夫有淚不輕彈，只因未到傷心處啊！這個局面，若有我在，或可免去一些傷悲，可是我，哪裡去了呢？因為那時我也正有一段驚險的歷程！

切腸

且說三月一日，我忽有一點兒大便出血，最近因方桂生病，我必須堅強，不敢生病，對自己也小心起來，雖小出血，也向醫生報告一聲。醫生說如再發現，必來診視。我當時心中暗笑，誰聽你們醫生們的大驚小怪。誰知晚上竟然大出血了，其勢驚人！趕緊就醫，醫生說大腸內生了小東西，狀頗緊張。我向醫生開玩笑說別那麼嚇人，你怕我是生癌嗎？醫生說不可大意，定於十九日動手術取出。因方桂也正是十九日醫治心血管，我當然要改期，但方桂認為他既然住院，我當然也不能做甚麼事，白等着，乾着急。何況只是一二小時的手術，因此我也定在十九日午後實行手術。本由肛門取出就可以了，哪知已長得太大，不但取不出來，而且切片一看，竟是大腸癌！醫生宣布病情，我無動於衷，旁人誇我勇敢，其實我知方桂已脫險，我還怕甚麼？心經有云：無掛礙，無恐怖。而且健康如我者，何能得此惡疾？乃定於三月三十一日切治腸癌。我想切治時必是一場虛驚，誰有腸癌？我才不會有腸癌，必是醫生診斷之誤，我向自己暗暗地說。

三兒女及婿回家侍疾，方桂平安，他們驚魂甫定，我又出了岔子，真是晴天霹靂！我一方面怕方桂受驚，二方面怕孩子們身心承受不了，所以我和人討論病情時，表情盡量安靜，說話盡量輕鬆，親友們都誇獎我胸襟開朗，吉人大相，必無大難。唯有林德知我強為歡笑，她緊鎖着雙眉，憂心忡忡。有時急了，還數落我兩句："媽媽過分的樂觀輕鬆，真使人擔心。"我心裡想：我的傻孩子！誰不知道我的病情沉重，只有故作言笑，別一下子把人都嚇死了。反正是福不是禍，是禍躲不過。預先愁眉苦臉，不是自討苦吃麼？

三月二十九日，我需進醫院，方桂已經回家。我極力保持聲音上的平靜，向他說一聲："我去了。"輕輕地吻了他一下，既不敢等他搭腔，也不敢再看他一眼。急急跑到車上，放聲大哭！夫妻携手五十年，在他大病，正需要我時，不早不晚，我偏偏也在這時候生病，我竟頭也不回撇他而去！此去是生離，還是死別，誰敢預卜？林德司機，我可以盡情地大哭，一直哭到醫院！第二天的凌晨，兒女同乾兒女們都來送我進手術室。（他們也許想是來做別的。）我從容不迫，叫林德幫我畫眉、整裝。林德非常悲傷，向培德說：你看媽媽進手術室還要梳妝打扮一番,還要唱一出《遊園》哪:"他一生兒愛好是天然。"其實此時林德心裡撲通撲通地跳着,想着:"我的媽呀!你可別是最後一次的梳妝打扮哪!"這一段兒,我當時不知,是以後林德告訴我的。我只記得被送上手術臺了,一個人上了手術臺,還能做甚麼?還能想甚麼?夫妻兒女,事業金錢,都置之度外,可是到底不能撇掉方桂。他年老染病,我若不起,他何以堪?又轉而一想,我正泥菩薩過海,自身難保,想他幹甚?眼前是恩愛夫妻,難捨難分。等走到另一個世界,也許發現我倆根本是兩個陌生人,不過同走一小段路程而已,我又何必自作多情呢?意念到此,我心中一片灰白,四大皆空。唯一小小的希望,就是快些失去知覺。是死是活,不敢想了!不必想了!昏天黑地,也不知過了多久,只聽醫生對我說,他又完成了一次乾凈利落的大手術,這說明我也闖過一次鬼門關!

醫藥高明,我恢復得奇快,但醫院的伙食我不能下咽,就回家了。我進門大嚷:"我回來了!我回來了!"奔向方桂,兩人抱頭大哭!各種驚險鏡頭都已表演完畢,本該天下太平了,誰知問題正多。我回家後,飲食還是不能下咽。傷口雖然長好,可大腸始終沒動過,上下不通,何以能飲食呢?再回醫院,這回可受罪了。嗓子裡插了膠管,臂膀吊着點滴,胸脯上又插入粗管輸入養料,由於背又輸入血漿。十四天不食不便,體重下去二十多磅,眼看就要餓死。而大腸像條死蛇,全無動靜。唯一的辦法,就是運動散步,而我身上的大小管囊,如同犯人的手銬脚鐐,行動要推着那根六脚的懸掛管囊的銅柱子,往來徘徊於病房和走廊之間。凱撒(Kaiser)醫院,坐落在全世界馳名的風景勝地外基基(Waikiki)海濱。方桂坐了輪椅來探望我,我倆在廊上遠望彩虹海灘(Manoa Beach)和魔鬼島(Magic Island)上的浪濤拍岸,這兩處都是方桂和我平日比肩游泳的去處,現在只能遙望着海鷗飛翔同風帆往返,何日何時我倆能再携手漂浮在那如鏡的碧海上,仰望着高高的椰子樹梢,輕輕地掃着朵朵的白雲!何日何時?還有那麼一天麼?只有望洋興嘆!吉凶未卜,只有再開一刀。開刀以前的準備,要作各種檢驗,俯仰跪卧,要照各種X光片,喉嚨裡插進粗管,照食道胃腸等等。太難過了,我只好扮演《蘆花蕩》裡的張飛,《醉打山門》裡的魯智深,啊喝喝!咧呀呀!扯着嗓子大呼大叫。突然撲的一口大氣從丹田翻了上來,我的大腸通了!三孫麥思禮駕車接我回家了。

　　思禮何以會出現呢?原來林德姊弟回家以前,不但請了朋友孫大姊來家照料,又調來思禮來服侍爺爺。方桂恢復緩慢,並且十分痛苦,每天服藥物多次多種,幸而思禮十分仔細,性情溫和,他列表按時進藥。方桂病中煩躁,有時不肯服藥,有時竟把藥丸扔在地上,真虧他耐心周旋。沐浴,司機,採購,就醫,都虧他全權處理。我一回家,他總算緩一口大氣!這一年的大驚大險,算是平安渡過,但盼以後平安順利,方桂享壽百年。這種妄想,竟在五年半以後破碎!

金婚

金婚！不能不聯想到五十年前的往事。一九三二年八月二十一日，天尚微明，北京北池子盔頭作四號，這座大宅裡的人，已全體動員，忙了起來。上午十時鞭炮爆響，香烟繚繞，紅燭高燒。我被命令着整妝上祭，因為今天我要辭祖于歸了。我們徐州人的陋習，女人從來不能主祭，唯獨出嫁，她要燒香上供，以謝父母養育同三代宗親的呵護，拜別兄嫂姊弟等人。比她小一輩的人則需向她拜別。一件大喜事，却要搞得悽悽慘慘，哭哭啼啼。事隔五十年，我至今回想，猶覺傷情！本來也是，一個女兒在家嬌養十來二十年，一旦出嫁，從此就不再是這家裡的人了。而男家確實不同，整修房舍，打掃庭園，請會親友，吉日一到，連新娘子帶妝奩，通通過門。我家離大甜水井九號，相距不到一哩路，雖無百輛迎門，一路上也真是車水馬龍啊！方桂和我，大禮初成，人生又展開新的一頁！那些熱鬧的場面，已詳《蹉跎三載終結良緣》篇中。五十年甜美的歲月，綠鬢換上華髮，老親舊友換成年輕的一代，五十年前的新郎緊挽着我，心裡充滿另一番的滿足和喜悅！

這金婚的紀念，又是怎麼一個熱鬧場面呢？一入八月，來祝壽賀金婚的人，都齊作準備，十日下午，林德手捧了書法家張充和寫的大壽屏，偕了辦了重禮的張元和姊從舊金山來了。次日，她又到中國城看餐館，定酒席，買壽帖。大女兒一回家，一切都有了頭緒。十二日培德一家四口連同徐親家太太從新澤西州來。孫女元珍帶了兩歲的妹妹元寶跑跑跳跳，好像立刻就把整個屋子裝滿了似的。十七日侄女楠茜從費城到舊金山和穗檀同來此。二十一日安德一家三口從西雅圖來，行李還沒卸好，翁芷青姊也從舊金山趕到。現在外城來賀喜的都已到齊。每餐桌上都是二十餘人，幸有大陽臺，調開桌椅，尚可周旋。自我們從西雅圖搬來，已十四個年頭，今天可是一家大團圓！所缺的只有大孫元禮和二孫達禮，因工作沒能參加外，兒孫繞膝，親朋自遠方來，切壽糕，吃壽麵，鬧嚷嚷地真是花團錦簇的一片！又正值農曆七月十七日，真是花好月圓人壽永啊！

二十二日是個星期天，在帝后酒店慶祝金婚。一大早，孩子們趕赴酒店，布置壽堂，五點一到，闔家穿戴整齊，全體出發。緊接着就熱鬧起來了，一時釵光鬢影、嘉賓雲集、席開八桌。節目開始：來賓致賀辭，顧夫人張元和姊演《掃花》，曲友合唱《三醉》，方桂和我合唱《小宴》，北美協調處的左紀國處長、夏威夷大學語言系主任本德爾先生（Prof. Bender）、陶榮錦大夫、義女孫穗芳、羅錦堂教授、語言系講師關琴小姐、北京民族學院的胡坦教授、徐璦先生、麥穗檀、安德、白紹晉次婿，諸人都有勉勵祝賀之辭。林德譯講掃花曲詞，培德主持介紹一切。燕生抱了要鬧的元寶，沒得致辭，但有長文寫兩代之間。最後大家又叫方桂和我講話。我說："諸位親友！蒙各位遠道近道來賀我們老爺的八十大壽和金婚。是的，一個人能夠健康精神地度過八十歲，真是可喜可賀的事！可是今日的醫藥發達，手術精湛，人若是不幸生了病，有藥物可治，有手術可施，活到八十歲，並非像以前那麼困難。我想在座的都能活到八十歲,甚至於一百歲。而我們更可喜的是今春生病,是生大病,又是兩人同時生大病,幸而醫藥奏效,闖過生死大關!孩子們歸來侍疾,但是等不到完全恢復,只好硬了心腸,哭哭啼啼而去,只好把我們託付給在座的親友。漫長的恢復期間,真不好過,諸位的關切照料,終生難忘!五個月過去了,我們恢復了十之八九,兒女們又歡歡喜喜地回來了。拜壽,賀金婚!這是多麼意外的欣喜!

夫妻結合,平安順利地度過五十年,可不是個簡單的事,性格上的摩擦,事業上的差異,以及生活上的協調,哪對夫妻能沒有些矛盾呢?要是彼此眼光放遠一些,各自退讓一步,互相容忍對方的缺點,日月如飛,共同度過五十年,也不是那麼不可能啊!

經過今春大病以後,我深深感到人生之可貴,健康之可貴,兒女,乾兒女,孫兒女及門人們的孝意之可貴,親朋的愛護之可貴!我對我身旁的這些人都深深依戀同信賴!"

我向諸位深深拜謝,方桂持杯到每張桌上敬酒後說:"在座的諸位親友,兒女們雖然已向各位道過謝了,可是我衷心地感激同感覺實在是難以用言語所能表達的。現在距離今春大病,不過四五個月,得以不死,今天在這裡和親朋歡聚,我真是格外的快樂!回顧這幾十年來,雖有小小的成就,完全是靠了良師益友的指引。從學生時代起,一入密西根大學,就遇到誨人不倦的恩師,竟有三位之多。恩深義重的有布龍菲爾德(Leonard Bloomfield),卡爾・道林・柏克

(Carl D. Buck)，愛德華・薩皮爾(Edward Sapir)。這三位恩師不但是在校內得他春風化雨，因材施教，指引我發揮我的能力最擅長的一部分，他們發覺我的聽覺和發音較為敏捷，所以才從醫科轉到我現在的職業語言學。而且給我找資助旅遊作研究等。我入社會以後，老師們都相繼下世。我常常覺得師恩沒報，因此我在一九七七年出版的泰語手冊就是紀念他們三位的。有時我還被謬讚為提攜後進。是的，我一向對於年輕一輩的學人是寄以莫大的厚望，並給以深切的愛護，這也是我反哺師恩的一個方法而已。朋友們對我的愛護同獎勵，更是一言難盡，尤其近年來，更是關切！沒有諸位的指引，就沒有我的這一天。所以我對各位由衷地敬謝！請乾杯！"在一陣掌聲中，可以體會在座的諸親友，都以方桂大病後，僅僅五個月的恢復時間，竟能發表如此簡單明了的演講而感到慶幸和安慰！

七月底赴臺灣開會時，由丁邦新主持一個預祝壽誕酒會。光臨的有老少輩至友臺靜農、鄭因伯、孔德成、楊聯陞、史語所同仁夫婦三四十位。蒙賜酒點，字畫等而外，又有楊聯陞先生宣讀清華學報，慶祝李方桂先生八十歲論文集，語言專號執筆人計有：包擬古，張琨，趙元任，鄭錦全，張洪年，周法高，柯蔚南，龔煌成，橋本萬太郎，李壬癸，龍宇純，梅廣，梅祖麟，羅杰瑞，蒲立本，丁邦新，曹逢甫，楊聯陞，楊時逢等。最可貴的是徵稿先生們發動得早，還趕上徵得趙元任先生最後一篇文。首頁是方桂同我執手微笑的彩色大照片，論文而外有執筆人的履歷、掌故、趣聞，十分精彩，雲情高誼至為可感！方桂真是意外的驚喜，他抱着這本書翻來覆去直看了一個多月！

40 二次回國（一九八三年八月）

天涯遊子，多年不回故里，有如斷了綫的風箏，一旦回歸，雖然物是人非，所見所聞，多是傷心地、傷心事，但是還老有一個重温舊夢的欲望。方桂和我自一九七八年回國一趟以後，只覺得故國時時向我們招手，尤其是一九八二年方桂和我都大病一場以後，故國之思，與日俱增。

可巧北京大學教授林燾訪美講學。林燾、杜榮夫婦都是方桂在燕京大學執教時的得意門生，又是曲友。畢業歡送會上，遊藝節目中，杜榮表演清唱昆曲，方桂司笛伴奏，師生二人都得到大衆喝彩！勝利後復員，我帶了杜榮同他不到一歲的兒子出川，所以師生兩家的情誼，特為親近。

我們從夏威夷到柏克萊探女，林燾夫婦正在此。師生闊別多年，相見大喜！林燾很想請方桂再度回國短期講學，又怕他年老體弱，不敢妄舉，鄭重地和林德磋商。林德認為她父親病後身體恢復得很好，但要看他的心情如何。她把這個消息一透露，方桂十分興奮，恨不得立刻成行！林燾為他這一次的邀請，也十分得意！（說實話，我比任何人都更高興！——徐櫻註）雖然如此，林德覺得年前我倆究竟是動過大手術，覺得責任重大，所以約了大女婿麥穗檀醫生同行。二女婿白紹普也認為是讓安德回國看看的大好機會，一方面沿途有事,可多一人照料,二方面安德同我們一起,對於祖國的一切,可多有所了解,因此白紹普自願在家看管三歲的大成。培德和燕生也因為哈爾濱大學的公事,可在北京與我們相會。這麼一個圓滿的安排,大家都覺得放心、高興。

不久,中國社會科學院和中央民族學院發來了聯合聘請公文,我們就要束裝登程了!

八月十二日,林德麥穗檀夫婦從舊金山飛到夏威夷來會。三孫麥思禮把我們二老交到他父母手上,算是他卸下了重擔!因為年前我兩人大病,他來侍疾,他雖年輕,但對我們兩個人的醫藥飲食,採辦司機,無不精心處理,祖孫相處,共十六個月,一旦分手,何日君再來?我真依依不捨!和他吻別,不由珠淚如傾!

我們老少兩對如時登機,在東京降落,安德從西雅圖到達已久候多時了,我們被安排住進尼那瑞他旅館,安德住另一家,方桂時時掛念小女兒語言不通,單獨出外,怕有問題。等我同林德過去一看,原來她住的地方比我們住的旅館更豪華,吃的也更考究。

燕山賓館

再一次起飛,降落在北京首都機場了。機場擁擠的情形,看在初回國的人的眼裡,也得算是一景。正在這時,在熙熙攘攘的人群中跑出兩院派來的外事局的同志們,還有門人和親戚多人到機場歡迎。大家蜂擁我們到了西郊燕山賓館。我們一家五口人,住在三間雙人房裡。房雖整潔,但非常窄小,歡迎和探望的人只好站在過道裡。我正在有點兒發愁,忽然來了一位女同志,像是外事局的高級職員,她進門就嚷:"李方桂先生怎麼能住這裡?快搬樓上套房。"說完了就高呼服務員,旋風一般就把我們兩人的行李搬上樓去了。

套房的光景可就不同了,全部紅毯鋪地,冷熱空調,沙發桌椅茶具齊備,牀櫃浴室都是上好的。還沒欣賞完畢,又來了一批客人。我心裡想:幸虧搬得快,否則客人請到哪裡去坐呢?所以那位女同志如此的着忙,不然也許她要犯錯誤了!以後講學的日程、交通、飲食、旅遊一切都由兩院安排。家人雖然不受院方招待,但旅遊程序、交通、旅館大家都在一起,也就受惠不少了。

方桂在社會科學院,民族學院各做了一次演講、一次座談。兩講都以不同的角度,分析唐蕃會盟碑的文字及出使大臣,引起多人的發問,方桂很以聽衆反應熱烈感到高興!王堯先生說民族學院還有其他不易見的碑帖,及至約期往看,但並無方桂不知的材料,他大為失望!但又說還有帖,因負責人外出無人啟鎖,方桂頗認為事有蹊蹺,失望而歸!

周氏宴請

公幹已畢,這以後就是私人方面活動的隨筆記載了。周培源兄嫂宴請全家於人民大會堂。那時培德和燕生也已公幹交差來此會合,那可真是闔家光臨了。人民大會堂宏偉的建築，堂皇的排場，我在《初次回國》篇已描述過了，可是林德等人可是見了大場面了，尤其是周氏夫婦乃國內名流，又是同班同學，現在同桌而坐，娓娓叙家常，也算是個難得的機緣。

人大常委副委員長許德珩在人民大會堂接見方桂及全家，又是一件大事。許已九三高齡，居然還能出席官方活動，言談還很清晰瀟灑。他是學優而仕，從政多年，對於臺灣學界的朋友多位，還不勝懷念，如傅斯年、楊亮公、錢穆、蔣復驄等，並囑方桂為一一致候。這一接見就上了 TV 錄影新聞，全國都看得見，遠處的門人同相識的要人們，都紛紛打電話來問候，也造成一陣子熱鬧！當時尚不覺得如何可貴，但現在好多人都已作古了！

以後人大副委員長朱學範也來拜會，賓館的服務員同志們都站在門口列隊迎送，原來是坐着紅旗汽車來的，後來才知道紅旗汽車是高級官員才能乘坐，其中也是有講究的。接着又擾了他在北京飯店七樓上的一席盛宴譚家菜，據說掌勺的是誰家的少奶奶，賓主不是有特級身份的，她不招待，這也算一盛事。

錢氏拜會

政協副主席錢昌照，沈性仁夫婦，以前是三哥的好朋友，又是橋牌搭子，我和他們也很不見外，也坐了紅旗汽車來訪。等送他們出門時一看，還帶了佩槍的衛士隨行，還真把我嚇了一大跳！方桂向來是見大人，則藐之。見面以前我們並不知道他是甚麼官銜等等,只是歡晤一對老友,暢談南京一別,這半世紀的滄桑。他們則訊問三哥逝世時情況及三嫂近日的生活,十分感嘆!臨行又交我禮品帶給碧君嫂(三哥德籍前妻),當時一點兒也沒感覺他們是那麼大的人物!

九百二十六元

商務印書館的負責人郭良夫、吳澤炎二位先生來拜,送給方桂九百二十六元人民幣稿費,方桂出乎意外的高興!因在一九八零年商務印書館印了方桂所著《上古音研究》。薄薄的一個小册子售價人民幣六角五分。初版搶購一空,即刻再版,共售出一萬六千餘册!你想此時此地,竟有人搶購,閱讀語言學的書籍,作者的驕傲同滿足,是別人所不能體會的啊!後來二君又在竹園飯莊,設宴敦請我們全家,這九百二十六元的價值真非此數目字所能衡量的啊!

竹園

這家飯店坐落在一家大宅的庭院裡。除去餐具精雅,菜肴別致以外,花木石水,幽雅美觀!而且我似曾相識,又怎麼可能呢?細談之下,原來就是大哥的舅兄,日據時期的委員長王蔭泰的官邸。王徐至親,我當然來過多少次!今雖大加修改,但當年的格局,依稀存在,自然能認出來了。大家攝影數張留念。

回憶當年王蔭泰是留德傑出青年,我父慧眼愛才,羅致在陸軍部供職,他的德籍夫人曾在我家教鋼琴,後來王氏又做了民國時的外交部長。王夫人愛排場,喜交際,巨宅就是那時購買裝修的。她很賞識方桂,數為被十分喜愛的座上客。今天方桂和我又來此做客,而舊主王氏一家十餘人都何處去了?令人感嘆!

此房的前身舊主也有一段掌故。舊主原是清末西太后的紅人盛宣懷公,曾官拜郵傳部尚書,權高職顯,大富大貴。為了交往官府,曾把十五歲的幼妹嫁給二十九歲的吳永。吳永本是懷來縣的一位七品官,因太后蒙難時,飢寒交迫,吳永熬了幾鍋稀飯,煮了五個雞蛋供食。太后大喜,從此成了紅人,做了大官。盛小姐歸吳氏妝奩之豐,冠及一時,據云赤金檯面,竟有兩桌。這都是竹園的掌故。我們在此處被招待,主人是大費心機了。可也不免惆悵,因李盛兩家上代人也同朝為官。

漪瀾堂

另外令人不能忽視,不能忘懷的一次宴請,主人是李榮和呂叔湘,是在北海公園漪瀾堂的仿膳。因為北海公園是方桂和我當年夏日划船,冬天溜冰的好地方,玩累了就到仿膳吃點心。那時我真怕他口袋裡沒有多少錢而不敢點東西,誰知他那時還拿美國薪水,闊綽得很,一要一桌子東西,多次使我驚奇。我很想問一聲:"你哪兒來那麼多錢?"但不好意思出口,這是往事。現在的二位主人點菜也很講究,在仿膳吃的真是仿膳。所謂仿膳就是模仿皇宮裡的御膳。慈禧太后窮極奢侈，變着方法享受，衣食方面尤其豪華得該死！她吃够了山珍海味，忽然想吃窩窩頭，這本是窮人吃不到好米好麵而用棒子麵團蒸成的。既然她要吃，御厨們就想盡了絶招兒，把栗子磨成粉再加上紅糖豬油蒸出一寸高的小窩窩頭上御膳。傳流至今，很是出名。那日所吃的還有些說不出典故的糕餅數種。芝麻醬燒餅加肉末，也是名點，倒頗平民化。其他也都是不易多見的烹調的魚翅燕窩等等。在這個時期的中國，珍貴食品不易得，烹調技術，也非昔比了。然而對着高聳的白塔，絲絲垂柳掃着如鏡的湖水，緬懷少年時的韻事，又和同行的學者們說今道古，方桂舉杯微笑的神情宛在眼前！而主人却難想象他們的主客是如何欣賞此情此景的一時一刻啊！現在談起，不覺心酸！

韓全華

梅師母月涵夫人是親友中唯一的尊長了，方桂同我備了禮品前去拜候。夫人已年近九十，清華往事還能娓娓而談。住的是部長級房，四房兩廳、厨浴俱全、冰箱電話、保姆汽車，醫護也有專人料理，全都是政府供給。師母跟我們笑着說："在外飄泊多年，我久已覺得自己是 no body，誰知回國定居，倒成了 some body。"言下頗顯歡愉！可見校長一輩子為清華奔波，身後遺孀，被政府如此禮待，他在天之靈，也可以安心安慰了！

侯寶林

相聲大師侯寶林,現稱侯教授,請我們大家便餐。侯先生穿戴很清雅,部長級的房子,布置得頗精緻。侯太太的北方料理也很高明,又買到普通人不易買到的熏雞、醬肉等酒菜。說相聲的三句話不離本行,一言一笑,亦莊亦諧,又有吳曉鈴戲劇專家的陪襯,每句話都令人笑聲不絕而又發人深省。侯先生相聲段子裡的取材,可非一般可比,他把歷史背景、時事動態、科學發展、文學轉變都設法融匯其中。他引以自豪的,是他對中國複雜的語言能分析、辨認同模仿。他模仿各省的方言和名伶的唱腔,真是惟妙惟肖,他自認有語言天才,是個語言學家。那樣的主人,這樣的客人,可有的說了。

相聲一業,說起來就是個耍貧嘴的,即景生情,胡縐亂扯,本是個不登大雅的民間藝術。侯君以本身的機謀和慧眼,想人所沒想到的,看人所沒看到的,深入淺出,用他的伶牙俐齒,配合他矯捷的身段,一事一物,搬上臺去,使聽衆擊案叫絕。他能晉升到教授階級,享受部長待遇。中國古語說:萬般皆下品,唯有讀書高。我要更改一字:萬般皆上品,唯有讀書高。侯君真藝人也!真通人也!

傅懋勣宴

傅懋勣請家中便餐,母女忙了一兩天,是便餐中之不便者也。傅太太徐琳是少數民族的擺夷人,桌上頗多擺夷風味。必然囉!方桂又想談擺夷語言問題,可是人家正手忙脚亂,只顧獻湯上菜,哪有心情談學問?雖然方桂是覺得談語言可比吃飯重要得多。幸有我們和主人的兒女們,又有吳曉鈴侯寶林先生作陪,大家就把話題引到相聲去了。

陳家宴

侄女婿陳有慈是個高級工程師,福建人,善烹調,好做菜請客,蒙他對我的《家常食譜》時常翻閱,對我的待客態度也十分贊賞,還時常引用我書中的話:三要,三不要。他一聽說我們要回國了,國外回來的親友,時間再緊迫,請到家裡吃頓飯,那是必不可少的,他得請客,所以多日來他就趕早上菜市,選購材料,準備一切。誰知方桂那時已不易上五層高樓來赴宴了,可真難為毛毛和有慈夫婦,竟把自備的酒菜,瓶瓶罐罐,都搬到燕南園林燾家裡來移樽就教。那晚有王蔭聰姊、美妹、桂侄,兩對主人和我們一家,坐滿一大桌子。席中有燴魚翅、燒海參、扒蟹肉、煎明蝦、汆魚丸等名菜,還有些涼菜、炒菜。一道菜一屋子掌聲!一道菜一屋子驚嘆!真可謂色香味俱全了,直吃到深夜,痛暢淋漓,賓主盡歡。方桂向來是不大會誇獎人的,這次可真是感動,後來幾次跟我說:"他兩人可受累了,這是我回國來吃的最合胃口最無拘束最痛快的一席酒了!"言猶在耳,如今有慈,方桂前後過世,當日的歡笑都成陳跡!馳筆至此,能不潸然?

祝壽

八月二十日,一大早有兩個機構送來兩個大蛋糕,來慶方桂八十一歲壽辰。緊接着門人們，親友陸續不斷地來拜壽，我們因在旅途中，沒有作任何準備。孩子們向來覺得慶壽是晚上的事，何以這些人，亂哄哄鬧了一早上，有點兒莫名其妙。方桂向他們解釋，依照中國禮節，長輩生日，小輩和至親們都得一早起來，就向長輩磕頭拜壽。設宴待客，那才是晚上的事。言下之意，好像大家都多年來欠他一禮似的，說完了彼此都哈哈大笑！這也算是過生日的另一個方式！

香山飯店

香山飯店是名建築師貝聿銘設計監造，是郊外的一景。我們請了何苣五表弟一家同遊香山飯店並午餐。何苣不肯去，因他為人耿直，一芥不與不取。以一個中學教員收入，養活一家六口，還有二三位不嫁的姊姊。自幼方桂就喜歡他，過從頗密切。方桂帶他們到友誼商店給每個人都買點兒小禮物，唯他搖手，甚麼都不要。這次出遊，他怕我們多花錢，堅持不去。後因方桂再三促駕，他才欣然同往。

何李兩家，租了兩部車子，大隊人馬往西郊進發。這兩位老者，在車上，十分高興！沿路他們指指點點，某處他們曾一同跑步，某處他們曾一同釣魚，又在哪家小店買水果，又在哪家小攤上吃燒餅等等，談得津津有味。等到西山隱約可見，他們又回憶少年時代，身強體壯，西郊往返也是一整天的路程。現在路寬車快而自己可跑不動了，彼此相對長嘆！

貝聿銘別出心裁，郊區地廣人稀，他蓋的不是摩天大廈。主樓特別寬廣，米黃牆壁，灰色瓦頂，樸素清雅，佈置精美，各得其趣。庭院的設計，尤見巧思，涼亭裡還有流觴曲水大花磚。小孩子在那兒跳上跳下，我不由得禁止他們，告訴他們晉朝學人流觴曲水的故事，叫他們別再跳上跳下，以資保存古人的韻事勝蹟。

　　兩家的兒女們都四處遊覽，尋幽覓勝。兩個老頭兒對坐，說不盡的前八百年後八百載的往事。我就捧着照相機，追着他們，蹲在每個角落裡捕捉鏡頭，然後共進一頓價廉物美的中飯。這是由於何家表侄的安排，因他是此處的服務員，否則這一餐飯，豈只三四倍的二百四十元人民幣呢？飯後何氏一家又大逛香山飯店的裡裡外外，因為觀光旅館，非有外賓邀請，雖是工作人員的家屬也不許進內的。

回請

　　第二天表弟妹一定要在他們家裡回請。何家住的是個小三合院，北西南房各三間，東壁是空的。小院子裡也種些丁香、芍藥、葫蘆、牽牛等花花草草，還有白茉莉、珍珠梅，晚風一起，時時飄進幽香，很有詩意！麻雀雖小，五臟俱全。他家四女一男，房子哪夠分配，十分擁擠。何舅父好金石，南房三間本來是書房，古董字畫，頗有收藏。方桂幼年時，常到他家觀賞文物字畫等。何舅父父子二人都健談，所以過從很多。事隔六十多年，李方桂又來造訪了，何舅父早已不在，何小五和李方桂當日的小青年兒，現在是八旬老翁，又在書案兩頭展看手卷。這二人,一位是西服革履,一位是穿着脫了綫兒的毛裝,動作打扮都不像是一個時代的人,但是他們對於所觀所賞的章法和寓意,有那麼相同的看法,有那麼默契的了解。指指點點,你放我捲,搖頭晃腦,一言一笑間,是如此的和諧,如此的會心。要不是童年的玩伴,又在老年相逢,絕然達不到這份愉悦的境界!這一幕活動的畫面,林德看在眼裡,事後提起,愴然神往!

"文革"以後,住房緊張,這小小的庭院裡,一下子搬進三家住户,陡增十餘口人。不論寒冬酷夏,大家都得上街口的公共廁所,何家特為方桂預備了一個痰盂,主人算是十分周到了。所謂廚房就是每家的檐下窗前一個小泥爐子。需要大火,就用蒲扇撲通撲通搧一陣子。表弟妹招待我們吃韭菜水餃,還做了冷熱八道菜。我真佩服她,戲法是怎麼變出來的。大家一齊喝彩道謝,歡樂作別,堅囑再會。誰知……

這一分手,何五表弟一兩年都沒消息,方桂數次說起:"小五怎麼好久沒有信呢?恐怕他已不在了吧!"我心裡想:正是,奠儀我早已寄去多日了,別提了吧!免得傷心!這是他兒子來信,教我不要告知方桂,可算是懂事。

再會北京

北京大學校長張龍翔請客之日,忽因公外出,由副校長梅蓋做東。筵前忽然出現泰國女學生百若平(Prapin)小姐。她是來北京的訪問學人,不期而遇,意外的欣喜!她現在是泰國朱拉隆功大學的文學副院長。堅約方桂在歸途上的曼谷下機,給大學做個報告。方桂對於再遊舊地,欣然願往。百若平又跟我談起北京的名勝古蹟,真令她不想離去。我說:"你們外國人,到此都這般留戀,我們本地根生土長的人,情何以堪?"梅校長接着說:"李教授同夫人對故園如此留戀,何不到別處講學以後,再回來住一個月做做研究?"我是高興得直心跳,但又怕方桂倦旅要回家,誰知他也大喜過望,欣然應聘。這席餞別宴上,定了後會之期,在座的人也不必黯然神傷了,反而酒酣而散!

《長生殿》

這次北京之行,公幹早已繳卷,私人往還也都進行,該玩的玩了,該看的看了。此程將近尾聲,誰知高潮又起。原因是北京昆曲研究社排演全本《長生殿》。洪昇不朽的昆曲大戲《長生殿》自《定情》到《重圓》,共五十折。近年來,經過名家們濃縮、改編、選角、導演、作身段、配音樂、化妝,這是多麼艱巨的一番工作!凡是會唱曲的人,都會唱幾折《長生殿》,凡是會看戲的人,誰不都伸着脖子等着看這出大戲!行前吳曉鈴先生忽然來約,說是《長生殿》要響排了。道具衣飾都已全部配齊。我們大高興,全家赴約。

是在北京昆劇院響排,觀衆二三排,幾乎和演員面對面,一歌一舞,一唱一白,都看得清,聽得真,十分的盡興。飾楊貴妃的洪雪飛美艷豐滿,唱作皆是上乘。飾唐明皇的馬玉森,唱作都很漂亮,尤其是唱《迎哭》時,悲蒼悔恨之情,全在唱白身段中,跺脚号啕,十分感人。我很欣賞他們改得好,本來戲中的貴妃,任何時出現都是全身宮裝,頂着一個鳳冠,看着都累死人。在這出戲裡,貴妃有宮裝,有便裝,還有舞裝,很是合理。宮女都是全般的敦煌畫裡的造型。扮戲時少貼十幾頭片子,也是好事。可是奠靈筵時,明皇下拜,我認為不可。他是一國的君主。貴妃是人,不是神,不可下拜。我曾建議,後來上演,據說不下拜了。但我以後沒再看了。

中國戲裡的大鑼大鼓實在是太吵人,這次的樂隊裡,減去不少的大鑼,可是加了好幾把小提琴,方桂和我都不習慣。穗檀是華僑,又精於小提琴,倒覺得小提琴糅合在中國古典戲曲裡也不錯。本來世界上很多事物都在變化!不變化,時代怎麼能革新?方桂和我都欣賞變化。

問題不大

此行計自八月十四日到三十一日,旅程到此圓滿結束。本來國內給我們安排的是一星期,現在竟住到二個半星期,此行全仗林德的折衝。何以呢?因為自我們一到北京城,外事局的人員就來商量方桂的活動及旅程。據他們的安排是演講、官方宴請、私人往還、旅遊觀光緊緊地都排在一個星期裡,然後就奔赴第二站。計劃共是八站。方桂一看外事局定的行程,氣得一言不發,站起來就走!他向家裡人說:"甚麼話,他們萬里迢迢請我來講學,急急忙忙把活動都擠在一個星期裡,然後就把我給請出去。我不幹!這兒是我的故鄉，我不受他們擺布！"

　　林德一看，糟了！她從來沒見過爸爸氣吼吼的那種陣勢。外事局所定的行程又不易更改，怎麼辦呢？於是她找外事局的人，另改途程。外事局的人說八站銜接已定，不易改道。林德向他們說父親年高，節目太緊，很難應命。外事局的人還是面有難色。眼看僵局，林德靈機一動，建國飯店！建國飯店是穗檀的表弟名建築師陳宣遠與官方合資經管北京第一個豪華大飯店。專為招待國際貴賓和富商大賈駐馬處。行前陳氏曾授給林德一個錦囊妙計，曾說要是官方和私人方面有甚麼疑難棘手之事，一請到建國飯店，一餐飯就或許可以解決很大的問題。

　　這時林德就決定請外事局的人本星期日到建國飯店吃中飯。這一邀請，大家一愣！直嚷嚷，那可不敢當！那可不敢當！無功不受祿。因為沿路的銜接已成定局，更改很成問題，實無能為力。林德說："客，我是一定要請，路綫再研究研究吧，再研究研究吧！各位辛苦，明天再談。"第二天外事局的人又來了，還帶了一位他們的上級同志某君，說是對於原定路綫和日期有些小錯誤，而且官方的邀請是下一個星期日，是對方弄錯了等等。林德說："那太好了，我正好請建國。諸位一定得光臨。初次見面的同志更要賞光請教。"某君當然是再三堅辭，而其他各人臉上表情，顯然是立刻應邀才好。而上級不允，只好乾着急！囉嗦了半天，我想他們也許是有所顧忌，不能被請。最後，忽然間上級同志又為全體人員答應赴約了！臨行他們說給各處打電話，通通改換日期,另作安排。所謂困難者,國內的術語:問題不大,問題不大!

星期日林德帶了家裡人到建國飯店歡宴外事局所有幫我們辦事的同志們。方桂撅了嘴說:"我不去!我不去宴請他們!"方桂不去,害得我至今也没去過建國飯店。外事局的同志們可大開眼界,吃得高興,裡裡外外逛建國飯店,玩得稱心滿意。以後發生任何大小問題,林德找人商量,總說:"問題不大。"所以住北京由一星期到三個星期,林德外交手腕之功也!即所謂問題不大也!

41 北歸

華中的名山古蹟算是見識過了,現在又陸續北上。由武漢起程,這回飛機不但沒晚,還提前二小時,事前並無通知,幸而嚴君電話一問,說是臨時提前二小時。提前比誤點還可怕,送行的人,送行的車,都需臨時安排,若沒有能幹人緊急措施,必誤事不可,這也是生活經驗哪。在國內甚麼事都可能發生。

匆匆登機,按時到達上海,王承申同志來接。交到我手上林德託付給他留給我的人民幣、兌換券、錄音機等等。王告訴我說:"你們大小姐大姑爺真有意思,我帶他們到城隍廟吃湯包,自帶盤筷,不知道吃了幾籠,吃完了一算賬,便宜得使他們大大驚奇!要遊蘇州,我說臨時訂不到旅館,他們才不在乎,提起包包就走了。真是愜意!"(國語就是灑脱。)

又住到錦江飯店六二三號套房，頓覺寬敞舒適。朱鶴年夫婦來，要請我們吃飯，因事前沒有安排，到幾家餐館，都不招待，最後還是同我們回到錦江飯店吃飯。朱兄付人民幣，當然不收，結果他們被請。老朱是好面子的人，氣得直嚷嚷。方桂罵他太小孩子脾氣了，老朋友只要相見就高興，誰請誰何在話下？

麗芳姊是方桂同班同學尚仲衣的遺孀。她也是八十歲的人了。母子相依，靠兒子工嘉教琴度日，生活尚可，醫藥就費周折了。工嘉每日給母親按摩脚心，以補血活脈，減少醫藥。三年前我們來訪，還有一個女工阿二洗衣煮飯。我這次叫門時大呼阿二，誰知她竟已死去！如今一切的家事，都由工嘉擔負了。方桂每年贈些生活費。家貧出孝子，國亂顯忠臣，豈不信然？兩年後母子均下世。方桂很以能在這位學嫂生前得以略盡綿薄為慰！

俞振飛

昆曲大師俞振飛偕夫人徒弟等來拜，送我們自簽署的曲譜兩本，暢談甚歡。方桂居然通起世故來，很不平常地向我小聲說：「送東西。」我捧出干貝一包，粉盒一個。暫作別，圖後會。俞太太派人送票來，連看三場夜戲。《醉寫》，俞老八十二歲的人，穿了高底靴，又要醉又要穩，已經令人捏着一把汗了。臨時還要一跪三倒，真是功力到家。楊貴妃捧着端硯，又唱又說。太白那時正在壯年，難免心動。最近有人在中外雜誌上撰稿，題為李白暗戀楊玉環，我想那是很自然之事。《哭像》《迎像》，頓足悲歌，使人淚下。俞君曾喪妻，演這齣戲，定多有感觸，當較普通演員更能深入。幸而他晚年有伴，否則暮年扮此角，情何以堪？

《盜仙草》及《擋馬》，由當家武旦王芝泉主演。她扮生扮旦，造型皆佳，武功更是上乘，由陳同申搭配，真是驚險巧妙之極。十五貫是舊戲新排，非常緊湊熱鬧，唱功以計鎮華，作功以劉異龍甚為出色。劉異龍的下山，武功之高，觀之叫絕。扮相服裝，都極其可愛。方桂大誇讚說他從來沒看過這麼好的崑曲戲。說實在話，誰曾看過？臺灣所演，那不能同日而語了。

人過留名，雁過留聲。既來到上海，復旦大學中文系教授張世祿，把握時機，又特約一場演講。方桂是只要提語言學，一請必到。講後張太太請回家吃稀飯，我們好高興，因這回不吃酒席了，是到人家吃稀飯，誰知到時一看，全家搞得手忙腳亂，一桌七葷八素，稀飯點綴而已。方桂說下回再別答應人家吃便飯了，因為酒席是公家請，而便飯則是私人花銷，真是勞民傷財！

玉佛禪寺，城隍廟，豫園都曾巡禮，佛地也，商區也，都點到為止。但數訪南洋路三十四號我家舊居，不見痕跡，我很悲傷。這是我父最後的府邸，他過世後母親率領全家，在此守孝一年，才離此回徐州。出手後才知此房方主，因為後來的新主也因事早亡。後經改造，所以面目全非，無從辨認，希望後來者別再短命！造所房子，真是多少人的傷心地也！

南京

由此暫別上海,乘火車赴南京。車票每人二十七元,車位清潔舒服。方桂歸國兩回,初次乘火車,他很滿意。兩小時抵達南京。杜、王、許三同志來接。住雙門樓賓館,屋雖老舊,裝修一新,頗見當年風貌。

南京大學中文教授鮑明煒、魯國堯來拜,約第三日到南大座談。方桂欣然應邀。老同學張鈺哲夫婦來訪,又是大高興的事。方桂忽然咳嗽頭痛,朱鶴年的名醫二哥朱鶴皋為金陵飯店開幕來剪彩,順道來訪。語云:醫生進門,一屋子病人。何況方桂真是病了。朱醫生一把脈,說:"糟糕!他發燒了,需靜養。"我正焦急萬分,下午鈺哲嫂來電話,說上昆名旦張繼青應法國劇團之約本晚上演她的拿手戲《痴夢》。我說:"方桂病了,需靜養,別讓他聽見。"誰知他已聽見了。起牀帶着病去看戲,我可急壞了。可是這場戲一看,他竟而病愈豁然。第二天高高興興到南大演講去了!可見人須敬業,做最喜歡的事就能去病,聽曲演講正是方桂最喜歡的事啊!

戲演三折:《琴挑》、《訪鼠》、《痴夢》。《琴挑》生旦都配搭得很好。《訪鼠》的丑角很不錯,但我們都認為不宜從《十五貫》裡提出單演。因無上下文,丑角不管武功多麼出色,觀眾不易起共鳴。張繼青的《痴夢》,可是高明。把一個小婦人患得患失的心理描畫入微。夢境配合低沉的音樂,夢見丈夫送來的官誥滿身,欣然赴任,誰知一夢醒來,只有破壁殘燈零碎月,真想和她同哭一場!那時的女人不講自立,嫁錯了丈夫，只有受窮受苦，還有甚麼辦法？等她受不住了，又嫁一個又凶又狠的窮人，而這時丈夫偏偏又顯貴了，老天捉弄人太甚，可悲！其實誰的命運不是多半掌握在自己的手裡？如果崔氏早明白這個道理，結果或許不會如此悲慘。朱買臣對一個無知的小婦人，何必懲罰如此殘酷？叫她潑水難收，這句話把兒，流傳兩千多年，真夠缺德，有失厚道！不過朱本人後來也受到漢武帝極嚴厲的刑罰後被殺，可見人不可對人過分苛刻！

鈺哲兄嫂又陪我們遊靈谷寺、無梁殿、廖墓、譚墓，雖是舊地重遊，但提起以前同遊時的趣聞，大家不免哈哈大笑。還記得培德自小就不喜戴帽子，急風烈日，我總給他戴上，他不反抗，但是一眼不見，他就摘了，我再給他戴上。一天到靈谷寺，走過谷上的長橋，我抱着他過橋看水，他一手抓下白帆布帽子，往下一扔，漂漂蕩蕩沉到谷底去了。我氣得要打小手，方桂說："算了吧，不滿三歲的孩子，他能把握時機，把他不喜歡的東西，扔到無法揀回來的地方去，也算他有主意了，以後別再給他買帽子吧。"一算這都是半個世紀以前的故事了。

上海路八十二號是三哥嫂的舊居，抗戰前我們每星期都來和他打橋牌，現在往返多次舊地都找不到了。魯國堯又單獨去調查有十二次之多，才知已改成寧波路，他已找到了，帶我去看，果是原來的房舍，惜乎已易新主，可是魯君的熱忱可感！他每次調查回來報告，都和方桂談上二三小時的語言問題。方桂很欣賞他作學問，辦雜事，都有點兒窮追不捨的精神。說此人將來必有前程，方桂一向發掘人才都是從那人的言行去體會，而不完全在考場上見學問的。魯君現在果然已來美國俄亥俄大學訪問半年，並且被邀參加北美漢語語言學第四屆大會，也有專題演講。

北京

下一站又回到北京。林燾、朱德熙來接。先住萬年青賓館，後遷入勺園五樓一一二號。勺園內新建五座大樓，專接待國外學人短期居住的，在園內，荷池花圃，亭臺屋舍，極其幽雅恬靜。方桂的工作是不正式上課，但隨時都有研究生教師等人，訪問請益，偶爾也做一兩個報告。生活清閒舒適，和青年學人往還，滿足愉快！在此一月，訪舊識新，遊山玩水，出入都由各弟子陪同，觀光講學，都合成一體，師徒都互相增益良多！

舊居

我們又到北池子探舊居，景物各殊，人物全非。孟公府住宅是大哥嫂自己精心設計建築的，一直被高幹所佔據，保持原狀，精緻可人。後來才聽說當年大哥嫂全家是被掃地出門的，多年來舊居已非屬徐氏，可悲！

遊戒臺檀柘兩寺。昔年王大嫂想促成方桂與我這件婚事，曾經遊憩三天，增加我倆感情一大步，思之可感！今天我倆又來此漫遊，而王氏一家風流雲散，一眨眼五十餘年，往事何堪回首！

這次回北京，共住一個月，真是逍遙自在。這是方桂第二次，也是末一次回北京！悲夫！……

離京赴廣西南寧（一九八三）

九月一日，我們暫離北京，往第二站廣西出發。廣西是少數民族的大本營，語言學研究者的寶藏，方桂於一九三五年就來做過調查。他的《龍州土語》一九四〇年在上海商務印書館發行。三百多頁的《武鳴土語》重校付印是由臺北商務印書館於一九五六年出版。自序中曾提到楊時逢、丁梧梓、吳宗濟、張琨，都曾幫助整理校對的部分工作。現在楊丁二君已過世，唯有張琨和吳宗濟是僅有的左右手了。方桂到了廣西，難免思懷往事，言下惆悵不已！

一九八六年二月，王均先生由中國來訪，帶來了一本發了黃的《武鳴僮語》。扉頁上寫着謹將中國科學院語言研究所一九五三年出版之尊著奉呈方桂先生。學生王均敬呈。此書是由民族研究所資料室提供，序文中除了當年方桂自序中的小部分外，又加了這麼一段：這部著作雖是李方桂先生解放前的著作，但在研究僮語方面，有很大的參考價值，所以我們把它作為專刊出版，僅供內部參考。扉頁上還標明：此書僅供內部參考請勿外傳。由此可見這本書在學術上的突出，在研究上的珍貴了！在名稱上雖由武鳴土語改成武鳴僮語，方桂看了，也只有點頭微笑，沒加評語。後輩學者對他的研究成果如此重視珍惜，欣慰可知。王均贈書，何其可感！

《莫話記略》裡的序中曾提到荔波調查時,貴州行政督查專員張策安及荔波縣長劉仰方兩位先生都惠於協助。

三種水家話的初步比較序中說:著者自從二十二年就從事於台語的研究,一方面到各地實地調查收集材料,這份材料存在手上,一放就是三十多年,現在終於編成一本二百多頁的水話研究於一九七七年在臺灣出版做比較研究。孟真先生在這個時期裡不斷地給我鼓勵,並且設法使我在抗戰期間,仍然有實地調查的機會。這個初步報告,正可以紀念孟真先生對於一切學術的領導精神。還有其他小文章,也都是這一時這一地的產品。

方桂又談到他初次來時,曾見到貴州仲家族,廣西僮族瑤族,雲南沙族等人說着不同的語言,穿戴不同的衣飾、釧環,十分鮮艷。五十年後再遊舊地,語言已多摻漢話,男女一律都穿着灰不灰,綠不綠的毛裝。既無頭飾,也不見那些樸實別致的釵環鐲釧了。四五十年的滄桑,還能再提麼?

南寧

到達南寧,有楊煥典、楊明二位教授來接,住進西園飯店。布置豪華,庭院亦勝。社會科學院院長來拜,又擾了盛餐。約翌日在師範大學做專題演講。題為上古音。有民族學院、廣西大學、科學院、師範大學四單位的教師及研究生等約百餘人。又是一場成功的講演。晚間看電影一場《人猴》,以李少春的猴戲鬧天宮為主題,敍出演劇藝人的辛酸。林德、穗檀都很欣賞。此行時時怕穗檀是半洋人,不易適應於中國的風土文化,他有所欣賞,我們都高興!

第二天方桂又在本園戲樓演講,僮語學校和語委會主持。(少數民族語言研究工作委員會,簡稱語委會。)

參觀僮族博物館,導遊同志蕭小姐是僮族,她倒很識人意,漢語說得很漂亮。社會科學院院長請晚宴,大小菜肴十五道。羅振乾教授,二陪同許浩福、楊君等陪我們一家五口。培德和燕生已從北京分手回美國了,所以一家由七口變成五口了。

安德因初次返國,每到一處,都覺得特別新奇。她欣賞西園飯店湖山之勝,到處照相。後來她回國後膠卷太多,一時無錢全部冲洗,只好放冰箱凍起來,真是荒唐。不過這次旅遊,她真是留紀念照片很不少。

第三站是桂林。安德又出主意要坐火車,一早她和林德穗檀三人乘火車先行。二老又恢復平靜,頓覺寂寞!下午繞城看街景,晚又看了一場電影,聊齋戲《人皮》。衣飾表演都比一般電影深刻華麗。飾演蒲松齡及其友二老人演得好像很逼真,但是蒲松齡和他的朋友誰又真見過呢?想象而已。方桂說,看戲看電影甚至看小說,哪一樣不是仗着想象呢? Yes Sir!

桂林

桂林的漓江賓館是這裡的名勝,坐落在一座大大的庭院裡。流亡皇子希哈奴克(Sihanouk)的官邸。今天又是懸燈結綵,警衛森嚴。一問之下,原來胡森王(King Husein)

來此旅遊,所以裡裡外外、忙忙叨叨亂作一團。他們這一來不要緊,可是一般的觀光客就甚麼都緊張了。沿江建的大舞廳、飯堂、畫廊、閱覽室等都布置得富麗精雅,可惜好多房間都用紅繩子攔住,以備接待貴賓。

陽朔

到陽朔去的灕江船票,外事局的同志也是費了很大的事才定到的。方桂一看層樓的遊艇,就皺起眉來,因為他還希望是像五十年代蹲在竹筏子上優哉悠哉地看風景呢! 幸而我們在船頭上擺了一個方桌,一面看風景,一面吃漁家的船飯。船飯本來也是享受之一,今日的船飯平平而已。但兩岸的風景如畫,群山矗立,千古不變,總是那麼迷人。江水悠悠,清可見底。竹筏子上有不少的鷺鷥魚貓子,飛上鑽下。所謂魚貓子,就是一種長脖子水鳥。漁人把它脖子上紮了繩子,它鑽進水裡吞了魚,可不能下嚥,飛回吐給漁人。捕夠了魚,才給它解開繩子,自由捕食。這也是一景。還有些男女孩子們也會沉到水底拔水草,大堆大堆地曬在竹筏子上,據說是飼豬的好料。

九馬圖

夾岸的兩山,有一片壁立。壁上有天然的色彩和痕跡,形成九匹駿馬,揚鬃甩尾,勢欲騰空。據云誰要能看到九馬,必是大富大貴。你想船行頗急,朝陽夕輝,行色倏變,景觀不同,各人的目力又大有差別,所以普通人也只能看見三馬五馬而已,能見九馬的人,誰知有幾個。

由此江面漸寬,船出三峽,將要抵達武漢三鎮,武昌,漢口,漢陽。離開風景區,進入工業區,不見青天白雲,高高的烟筒,噴出污烟瘴氣。唐詩有云:晴川歷歷漢陽樹,芳草萋萋鸚鵡洲;日暮鄉關何處是,烟波江上使人愁。那時所謂的烟波,不過是民家日暮時的炊烟而已,古人還想象不到今日的污染啊!

桂林山水甲天下,陽朔山水甲桂林。天下的奇景,此生總算是到此一遊了。歸途為了節省時間,捨船登車,沿江而下。江邊有群水牛,不見頭尾,只有光溜溜的脊背,浮在水面上發光,又有時露出頭尾來,互相噴射潑灑,像小孩子樣嬉戲。安德又見奇景了,大呼:"停車!"車身戛然急煞,把人都嚇了一跳!原來她要下去照相。"好,你照相吧!照多了回家沒有錢冲洗,又只好把膠卷凍起來。"幼女不管多大,還是像小孩子!方桂總是盡量依她,也許他下意識已覺得寵愛小女兒的日子不會太多了!咳!

蘆荻巖

這又是桂林的一大奇景。因為山洞深峻有二三里,其中曲折盤環,有山有冰,天然長成的各種形態。加以想象,配以燈光,巧立名目。有所謂的南天門、九道溪、玉觀音、倒掛金鐘、石老虎、筍林等等。仔細觀玩,當然也很有似處。山洞裡還有飯店,我們竟吃到穿山甲同刺蝟,還有大蛤蜊。林德要帶些骨頭殼片,預備回來給她人類學班上的學生研玩。

　　第二天的路綫,由方桂指定,因為地理、歷史、古蹟他都比我們熟悉。每到一處,他都能解釋分析一番,比職業的導遊高明得多了。普通導遊和安德穗檀就無法溝通,現在方桂可以和在美國根生土長的安德和穗檀談今說古,我們也都洗耳恭聽,這樣說者和聽者都得到無限愉悅和滿足! 大家對於環境有了概念以後,就分頭攀山涉水,各尋其趣去了。方桂走不太遠,他的大目標就是碑林,而在進入碑林以前,方桂忽感頭昏,大家惶然不知所措! 這時幸而有醫生在旁,穗檀十分穩定,待他慢慢診斷,一切正常,何以會頭昏呢? 仔細一想,是了! 因為方桂一向吃淡食,而桂林奇熱,流汗太多,體中缺乏鹽分,以致頭昏。不服藥,先大口地吃鹹菜,頭昏立愈! 免費的醫生到底派上了用場,一場虛驚,皆大歡喜! 再登碑林,興盡而返。

　　安德假期已滿,相依同遊不覺二十天。年歲日暮,兒女情長,行前頗為戀戀! 大家同赴飛機場,天氣酷熱,流汗如雨,鵠候四五小時,終於分道揚鑣! 我們離廣西入川,安德飛北京回美國,同行又少一人了。

　　飛機停重慶,搶進午餐,又匆匆登機,飛五十分鐘抵達成都,號稱天府。

成都　天府

　　李、馬、劉三位同志來接,住進錦江飯店。此三人乃是社會科學院,四川民族學院同少數民族研究所來接待方桂的。當晚有客來訪,原來是幾位藏胞。居然還是藏族的打扮,鬆大的長袍,攔腰一紮,穿一隻袖子,另外一隻搖搖甩甩垂在身後,他們自己覺得很瀟灑。

劇場

且說一到成都我們就出外尋尋覓覓,訪看舊居,在此曾住過三年。忽見一廣告:《祭塔》,《碎琴》! 洋琴表演。回憶四十年代初從李莊搬到成都時,那總算是出幽谷而遷喬木了。來到一個大城市,有戲院、電影院、飯館、娛樂場所,應有盡有。但因收入低微,從未享受過。今一見廣告,立刻買票入場。《祭塔》是許狀元致祭於他母親白蛇被壓在塔下受苦、母子悲啼的戲。《碎琴》是俞伯牙宦遊歸來,再訪鍾子期,而訪到的則是子期新墳一座,伯牙悲痛碎琴。兩出都是苦戲。內地的歌女重藝不重色,相貌平平,穿着樸素,可是歌喉嘹亮,唱出滿腔的悽愴,十分感人!歌場是一個舊式的茶館,歌手同樂師坐立在一個小臺上,聽眾坐在七扭八歪的竹椅子上。面前有一個竹桌,蓋碗陳列在上。茶博士提着長嘴的大銅壺,距離三尺以外,把滾燙的開水,傾注於聽眾的茶杯裡,不滴不灑,那也是一種手藝。看在久居國外的林德穗檀眼裡,也可說是一種見識。

方桂這次演講不涉語言學,是在西南民族學院講唐蕃會盟碑。講的是關於漢藏兩方的政治活動和官員們的頭銜及姓名的譯筆差異,很是動聽,臺下反應熱烈。後來這項資料由方桂和柯蔚南共同整理,在一九八七年正式出版。書剛裝訂好，漿糊未乾，丁邦新即刻航運，趕在方桂逝前能閱讀，甚喜！

陝西街華西教堂是燕京的校址，已經十分破舊。我們住的那條街上，擺滿縫衣機，人們可以拿了布料，站在街上，裁縫當時現裁現縫，等一會兒就可製好拿走，很是方便。一條陝西小街，整個的成了裁縫街。從前的名餐館鴣鴣宴，不醉無歸小酒家，少奶奶抄手（抄手就是餛飩），都不知去向了。

走在陝西街上，林德又說起當年難忘的一件事。她說一個風雨交加的晚上，她同爸爸，不記得是從何處坐了洋車在回家的路上，忽起風暴。急雷閃電！驟雨傾在車篷子上，嘣嘣的擂鼓的一般。她嚇得摀住雙耳，躲在爸爸懷裡，哭喊着要立刻到家。爸爸靜靜地說："不要怕，我教你唱個德國歌。""我害怕得要死，誰還能唱歌？"爸爸不聽她說，只是一遍一遍的只管唱下去。不知不覺，他們父女二人高唱着歌謠，安然到家了！他真是一位慈父！現在林德已成人，爸爸已過了八十，她說回想在成都的一切，真是黃金時代啊！在方桂的告別典禮上，林德忍住淚，嗚嗚咽咽唱着這首歌送葬，可慘！可慘！

回想一九四三年方桂在這裡作田野調查回來時，當地的獵戶送他一隻小熊，他抱回家來，滿院鄰居的孩子都來玩看小熊。在院子裡的大樹上養了好幾個月。一日早晨，林德去餵小熊，它忽然野性發作，伸掌一抓，幾乎傷了林德的頭臉，把書包竟抓得一條一條的，好不可怕！我們馬上就贈給當地的動物園去了,這也是陝西街上的掌故。

這次在四川大學演講時,見到老友徐中舒、李夢雄、石璞等人。川大校長謝君,因病只能列席,由燕大女弟子甄尚靈主持。李夢雄、石璞夫婦本是曲會裡的健將,"文革"以後,笛子曲譜已扔到牀下多年,因我們來了,現找出來,撣灰黏膜,幾乎不能成調,大家勉強各唱一曲,重拾舊歡而已!

參觀校舍,好多處都增蓋修飾一新。回想當年我曾任女生指導,每星期住校兩夜。雨季時,書桌底下,竟長出大朵大朵的蘑菇,屋漏多處,我需一夜搬牀幾次,最後還是得支起雨傘在牀的一端,才把一個雨夜度過去。那時年輕,並不以為苦,和女生們說說笑笑,吃吃紅油抄手,大半夜也就過去了。現在提起,也是人生一段經歷!從陝西街到四川大學有九里之遙,我騎了一輛破自行車,有時車把上帶一口袋麵粉,車後還坐了九歲的林德,歪歪撞撞從田埂子上騎來騎去,那真是點兒本領啊!方桂到四川大學來演講,女生們並不要聽他的演講,可是嘻嘻哈哈地起哄,要去看徐老師的先生李方桂教授。以後大家都說:"李教授飛帥啊(川語很漂亮的意思)!"

最後還有一場演講,是在錦江賓館大廳裡。由成都大學、四川大學、民族研究所、西南民族所、社會科學院五個單位公請的。由許所長主持。蒙他提議,凡有問題,都寫紙條,問的人可少說許多廢話,也省去方桂耳力不少,大家都很滿意。學術活動到此結束,以後就是旅遊觀光了。

都江堰

都江堰是古代最好的水利工程,是戰國時期李冰父子所建。岷長兩江的水到此匯流,李氏設計用竹條編簍裝大塊石頭,沉到江底,控制洪流,發揮巨大的灌溉功能。二千餘年來,成都平原沃土千里,從無水旱之災,至今稱為天府之國。有一個時期,李冰的石像忽然不見了。多年以後,又在沙洲中出現,現在又高高地直立在石臺上了。當地人傳說是李冰出外巡察去了,但是何年去的,何年又回來的,可無真實年月,無任何科學根據,就當作神話聽吧。而李冰父子治水修堰是記入史冊的,是確有其人其事。古人的豐功偉績,不能不使人佩服!都江堰上懸空的索橋更是久為人道的險橋,因江面寬,風急索顫,年輕人空手過橋,都戰戰兢兢,而有時還有人要負米、背菜,那就難以想象了。

杜甫草堂

四川一向很注重文學,文人、詩聖杜甫曾在川居住,當然得大大地紀念一番了。成都杜甫草堂修建得體,三四層院落,樸素古雅。有杜公塑像,峨冠長服,雖曾官拜工部,還是儒家打扮。杜甫出自書香門第,少時貧窮,所以他自號杜陵布衣,少陵野老,而子美,也許他覺得太飄逸了。詩人雖然不忘吟花賞月,可是杜詩的格調非常雄渾奔放,以感時憂世是他的代表作。我最欣賞的如"感時花濺淚,恨別草驚心;烽火連三月,家書抵萬金",等等。詩與酒也是分不開的,他雖然不像太白向水底撈月,但也是醉死,否則一套《杜工部集》還不知更有多少感人的篇章呢！後人憑弔草堂，難免浩嘆！

青城山

青城山又是成都附近的一大風景，據說山勢如城故名。我雖然沒覺得山像個城，但是層巒迤邐，風景秀美，山中有八大洞，七十二小洞，但我們真是走馬看花，一個洞也沒鑽，就下山了。相傳東漢張道陵曾修道於此，總歸這是一個道家的勝地，為十大道教的修煉名山之一。近世的武俠小說，也屢屢提到青城山，咱們也可以說是觀訪過了。早睡早起，明天又要飛行。

重慶

四時半起牀，五時上路，麵包車行駛一個半小時才到機場。一路急得人心跳，怕誤班機。沒想到班機一誤，竟遲達二三小時。凡去過中國的人，都吃過這個苦頭，而在國內旅行的人，都習以為常，我們只怪自己是少見多怪吧。望穿秋水，八點半飛機居然來了。十點半到達舊遊地重慶。

抗戰時期政府遷都於此，故曾稱陪都。此處依山建城，又有山城之稱。飛機降落以前，下望層層屋宇，險如累卵。人們下到江邊取水，竟需走下數十層臺階。一挑水，走到家只剩下半挑了。但此處是長江和嘉陵江匯合處，江水據說比自來水好吃又對人健康有益，所以還有人不辭辛苦挑水上岸。好在江水滔滔，取之不盡，人力也是用之不竭的。政府臨時遷都於此，也就是因為有崗陵丘壑，易於設洞空防。

誰知日機轟炸,日夜不停。最可怕的一次空襲,洞裡竟憋死三萬多人!四十年代,我們也入防空洞多少次,至今還不免談虎色變!

我們住進人民賓館,套房舒適,潔淨豪華,據說抗戰時期是蔣委員長的官邸,現增修增建,改為觀光旅館,氣宇當然不同凡響了。重慶的氣候是夏熱冬潮,所以空調特別靈敏,後人受惠不少!登樓一望,山城起伏,沿江直上,層樓高聳入雲,已不是土包子的昔年面貌了。而層樓的後街,又出現疊架的木屋草房,又用鐵皮遮蓋,上壓紅磚白石,以避風雨,不失為攝影或繪畫的好素材,當然其中的居民和旁觀者的感受就有分野了!

訪藝術學院院長沈福文先生,夫人李德輝,二人都是曲友,他們則自稱徒弟。福文本是福州人,他是漆藝高手,仿古創新都有了不得的造詣。參觀藝術學院,又到他家,招待點心,並贈畫卷三軸。德輝手指變形,不能操笛,直向方桂道歉,說是老師的指導都白費了,言下彼此都很惆悵!

歌樂山

山名歌樂,不知是哪位雅人的巧思。我母親同三哥嫂都在此居住數年,方桂同我帶着兩兒也來過多少次,現在舊地重遊,可是找不到當年的房舍。還有母親為我建房三間出租,以備歸寧花用,今日既不見人,也不見房,唯有空山鳥語,裝着一車的悽愴,又駛回重慶市!

長江三峽

方桂不辭溽熱，飛來重慶，就為由此一瞻古今聞名的三峽風光。所謂三峽，就是因長江切入巫山主脈，形成峽谷，曲折幽深。江有三十六轉，十二峰。其中以巫山神女峰最為人知，當然也是騷人墨客所渲染。宋玉的一篇《神女賦》，使人不能不對神女峰特別好奇。每一峰，每一峽，都有它的掌故軼聞。過神女峰時，船行特緩，果然看見一個薄霧飄浮的山頭上，有一個窈窕的少女身形，當風而立，在想象和附會之間，真覺得她的衣袂有些飄揚似的！風流才子們，繪形繪影，再加上他們的綺思遐想，寫得有聲有色，如見其人。又有諸葛亮書劍峰、關公磨刀峰等等。歷史摻着神話，神話又編入傳說，傳說印證這風景，就越說越像。所以有句俗話：看景不如聽景啊！

船行兩日，當晚泊萬縣。登陸要爬一百磴石級，方桂對於此處的歷史掌故都很熟悉，所以他要遊三峽，現在要他爬坡，他可不幹了，害得我只好撅着嘴坐着。等到林德和穗檀回來，告訴我們說幸虧沒去，一路泥濘，跌跌撞撞，爬上去，一點兒也沒有甚麼可看的，倒是遇到了中國大明星盧燕。

次晨起錨，但見兩岸峰巒陡起，峽谷回旋間，又看見松竹茂密，只聞鳥語，不聞猿啼，原來這裡就是詩聖李白所寫的白帝城了。詩云：朝辭白帝彩雲間，千里江陵一日還；兩岸猿聲啼不住，輕舟已過萬重山！設想千把百年前，人口比現在少多少倍。四川產猴，漫山遍野，松竹之間是可以聽見猿啼。今非昔比，有猴子也會被人逮光了。李公若在世，這首詩必須改寫。萬重山是有,而輕舟已過並非那麼輕鬆,若非汽艇來往,小船是靠拉縴才能駛衝逆流的。拉縴人的辛苦,風吹日曬,是可想象的!

武漢三鎮

到達漢口,有華中工學院語言研究所所長嚴學宭負責招待。嚴是已故好友羅常培的入室弟子,對於方桂是心儀已久。一九四六年,曾由羅君介紹相見,於今四十餘年,談及往事又不免觸起悲思。華中工學院院長朱思九來拜,此人六十才過,看上如三四十歲的人。相貌堂皇,言語豪爽,高瞻遠矚,大有為之人也。他在此工作近三十年,很有建樹。雖是工學為主,他最近又要發展文科,特委嚴君主辦語言學。他一聽到方桂回國,抓着這個機會邀請講學。方桂對於發展的步驟和方式,發表了很多的建議,這也是他們意外的收穫。嚴君經常手裡拿着個小本子,方桂的一言一語,他都要詳細記錄。就連遊覽風景時,他都要記。我看着都累,就把小本子要過來。可是他們不管看山看水,忽然一句兩句話又扯到語言學上去了,嚴君又把小本子要過去,他說:"老師所言對我都十分重要,怎麼能放過一言一語不記錄呢?"也許是他有預感,以後不易再見到了!現在師徒都已過世。

由嚴主持在校本部會議室演講。真是到了工學院了,氣派果然不同。室內有隔音,有空調,坐椅舒適,光綫調和。桌上鮮花茶水之外,麥克風高高低低、大大小小一大堆,既多而靈,國內演講從無這個氣派。兩次演講,一題為歷史語言學，一題是上古音韻學。聽眾都覺精彩，嚴君更是得意，因為這位語言大宗師是他請到的！在那裡會到賈、徐二位副院長，還有社會科學院副院長宓加凡、女同志羅君、事務組主任林君、經濟系的柳教授殷教授，還有女副校長童懋林、李格非、周大璞等。輪流請宴，席豐而佳。休息室尤其安適，等於是一個小型的公寓。在座的都是華中的人才，不到其地，也是不易打上交道的，何其榮幸有緣！

以後就是旅遊節目開始了。

觀劇

盧燕這次之來，是應友之邀，來拍風景片。盧燕既是劇人，又是名影星，雖已五十開外，不但貌美，酷似戲劇博士梅蘭芳，時裝戲裝都美，真是濃裝淡裝總相宜。這裡特為她安排了一場戲劇演出。她到處追蹤我們，和她同享，情義可感！戲是由本地六十多歲的名旦陳伯華主演。一出是《宇宙鋒》，一出是《櫃中緣》。演員要表現她兩種不同的格調，所以如此安排。前一出是正宗的青衣戲，情節悽惋，以悲歌動作見長，她演得很動人。而後一出則是個玩笑戲，多以對話胡鬧為主。年深的演員，扮演少女，雖然神似，究竟年齡不合。我認為資深的藝人，還是少出洋相為妙！

《雙下山》一劇竟由漢戲演出，十分精彩。因為川戲漢戲都是以動作身段為主，倒是開了眼界，方桂對盧燕說感謝她的追蹤！信然！

毛詞

我們下榻於漢口，工學院是建在武昌，每次校中活動，都要乘車過橋，需時甚久，長江大橋還是今年所建的。毛澤東的名句之一有水調歌頭，最為人傳誦。詞云：才飲長江水，又食武昌魚。萬里長江橫渡，極目楚天舒。不管風吹浪打，勝似閒庭信步，今日得寬餘。子在川上曰：逝者如斯夫！風檣動，龜蛇靜，（江頭二山）起宏圖。一橋飛架南北，天塹變通途！請看他的詩，真是豪氣干雲，思想奔放而積極。此人文經武略，真曠世之才。

到此林德穗檀的假期又滿了，他們需回美國上班上課。林德臨去時說，包袱又去一層。事實上，數月以來，同出同遊，彼此照應。方桂很以能帶着女兒女婿，兒子媳婦同回祖國，是一大快樂。我以能有小輩，尤其是醫生，沿途照料，省心不少。至於說誰是誰的包袱，就很難定義了。現在又剩兩老相依為命了！

42　薩皮爾先生百年冥誕
　　（一九八四年）

這年十月間，是薩皮爾老師的百年誕辰。薩府全家老少三輩、門人、朋友都齊集在渥太華勝利紀念博物館（Victorian Memorial Museum）。選在此處開會，也是意義深遠，因為薩老師生前曾在這家博物館做事多年，其中陳列少數民族和社會科學文物資料大半是老師收集採購的。與會者參觀欣賞之餘，無限懷念和敬佩大師的才識及成就！不禁也冥想大師若在，那有多好！那又怎麼可能呢？兒孫都四五十歲，門人們多半都是八十以上的人，只能默禱大師能看見他手植的碩果，在天含笑吧！

在座的大弟子們，一位一位地起立演講，各道老師各方面的成就。我對老師的印象並不深，我拜見時他已臥在病榻上了。好像他的相貌並不怎麼堂皇體面，可是言談十分灑脫，而且多才多藝，是一位極其可親可愛的人。根據弟子們的報告，他老人家除了是語言學家的鼻祖而外，他的學位是社會學。他寫文作詩，都是一等高手。他拉小提琴，能畫畫，好像還會些別的玩意兒。關於這些，從來沒聽到方桂提過。在今天這種場合，他也沒有一句歌功頌德的話，可是他另有一篇極其動人的講辭："我一生鑽研語言學，稍得同行人的贊許，完全是薩老師一手調教的。老師因材施教，循循善誘，指示我讀哪些書，引我做哪些田野調查。受寵之深，蒙恩之大，沒有哪一種語言能表達！我受老師的提携，一生無法反哺，唯一所能報答的方法，就是盡力充實自己同輔導學生。雖然是有此心意，但是誰又能有老師的智慧和神通，所施與後人的，能比得上受惠於老師的萬分之一呢？"說到這裡聲音哽咽！聽講的人，無不動容！掌聲經久不息，那些師兄弟們都上臺握手，拍着肩膀，內心悽慘，默然無語，好動人的一幕啊！方桂如此感情激動的場面，我還真是初次看到。

同寫唐蕃會盟碑的柯蔚南君，曾寄給我薩皮爾先生於一九二七年發表的一篇文章中有這麼幾句：最近兩年來，可樂教授同我都特別關注亞大巴斯卡語系的語言（Athabaskan）。這一系中的虎怕，印第安語（Hoopa, Indians）呈現出特種的古代語文的象徵，必須要做十分精細同準確的調查和記錄。因此我非得親自去做田野調查。所以我帶了一位十分幹練的學生李方桂同行。李君是本校（芝加哥大學）語言系的高才生，他非常希望用精確的技能去攫取第一手的原始資料。他恐怕是在語言科學裡，有史以來研究美國印第安語言的第一位最佳訓練的中國學生。

絕語──絕種的語言　A Dying Culture

六月間，我們師徒到了虎怕（Hoopa），是一個小小的印地安保留區，在山窩裡的一個小村子。雖然印第安上人並不難找，可是印第安的語言文化可是漸漸沒有了。李君同我一段相處，他對於田野調查的方法都頗嫻熟了。我就放他去單獨工作。這大約就促成他走向這條道路，發現了行將絕種的亞大巴斯卡系的馬頭洛語（Mattole）。非常幸運的是在這種情形下，李君居然千方百計地找到印第安的發音人。此人雖然還能記得還會說的他族的土語，可是已經三十多年沒用過了。他搶救了這種語言，可說在亞大巴斯卡語系中是極其重要的。以後他又到了圓谷保留區（Round Valley Reservation），在那裡又找到了發音人，記錄了外拉克語（Wailaki），這也是亞大巴斯卡系的方言，他做了十分完整而適當的印第安語言記錄。這一暑假的工作,厥功至偉!

試想六十四年前,方桂也不過是正修博士的學生,薩老師竟敢把如此艱巨而重大的題材交他單獨去做,他竟也不負所望,滿載而歸。老師的慧眼同方桂的處囊脫穎以及世間罕有的題材,這種配合能有哪幾對師生會逢到這種際遇呢?無怪老師要寫文誇讚了。但其文甚長,並且有關別種調查事件,我只節錄其中幾句要點,其標題是:An Expedition to Ancient America: A professor and A Chinese Student Rescue the Vanishing Language and Culture of the Hupas in North California, By Professor Edward Sapir

咱們大家都知道方桂的博士論文就是他隨薩老師做田野調查的一篇報告,而當時布老師看了方桂選修他的印歐語言學,上古中古英文語言和歷史英文文法等課程所寫的報告,也大高興,也想讓他做博士論文,可見中外皆有伯樂!事實上,方桂的碩士論文,也是由一些從來沒有人作過的材料寫成的,是他研究薩老師的煞系材料(Sarcee Material)寫的報告,題為《煞系動詞語幹》(Sarcee Verb Stems)。

我沒修過博士,也沒得同方桂讀書時並肩作戰,可做了現成的博士夫人、教授太太,不知其中甘苦。每見現在年輕的學者們,選完必修,通過考試,然後恨不得懸梁刺股,才把論文繳上去,才算功德圓滿!方桂那時是如此的輕而易舉。是這幾十年來學校的制度變了,還是現在的老師慣於留難學生,還是方桂秉有卓越的天才? 還是時也,命也! 反正方桂這一輩子,從求學、做事、成家,從沒受過一點兒挫折吧!他是有福之人也!

43 二屆漢學會議
(一九八六——一九八七年)

一歲將除,又召開二屆漢學會議,方桂和我束裝東去。吳大猷院長主持,特別尊方桂為榮譽秘書長,表示特殊的敬意。這次請外國學者,有首屆規範,不難甄選。國內的棘手學者,也知難不搶着參加了。共到了二百三十人,論文二百十五篇,平安閉幕。不像首屆開會多災多難,也就無話可說。但這是方桂最末一次擔任本職以外任務了。

大會幕下,一身輕鬆。元月一日,門人們來拜年,方桂要在圓山飯店請他的高足夫婦們過年。丁邦新出主意說圓山飯店沒有甚麼特別的東西,何必被他敲竹槓?天廚經濟實惠,地面又寬敞。好!咱們上天廚。計有丁邦新、李壬癸、龔煌城、何大安、鄭秋豫夫婦、林英津、魏培泉、崔伊蘭、孫天心等人。王懷義學姊有事不到,但她多情,特為我定製一件大紅裙裝,祝我年年穿這件紅衣來臺過元旦。大家無拘無束,談得十分高興,也吃得特別暢快。大家都預祝年年來此拜年團聚。哪知這竟是最後的一次請宴,最後的一次團聚!馳筆至此,曷勝悽然!

第二天握別這一群好朋友,走訪香港曼谷,在這兩處,方桂都做了專題演講,高高興興漫遊了兩星期,平安歸來,幸而這年又到這可戀的三個地方，重晤了好多舊友新知和門人們！方桂的這次長征，真是像古人常說的，行萬里路，讀萬卷書，他總算是平平安安達到了盡頭！方桂，你可以無憾了！

44　山西尋根歷險記

老家登五臺山

一九九〇年八月一至三日，培德要到中國北京大學開國際二十世紀中國小說研究討論會，我趁此機會，和他同行。第一個目的，帶他到山西大寨李家溝拜宗祠。第二到徐州我父親徐樹錚將軍墓前安置石馬和祭掃，兩處都是尋根。早在一九七八年，方桂同我回國，已安排好去大寨，而行前說路被豪雨沖壞不能成行，掃興而返！一九八三年，我們又回國講學，由趙秉璇先生向行政當局聯絡，蒙縣長邀請，本要回鄉祭掃，發現方桂頗顯疲勞，沒敢冒然就道。失去兩次良機，他竟於一九八七年過世，夙願未償，思之悲痛不已！八月八日我同培德從北京飛往山西。飛機降落，看見太原兩個大字，培德興奮得大嚷："太原！太原！到我老家了，照像！照像！"拿出新買的錄像機，照起像來！出站以後見王琛，太原大學的教務長，沈鈞，僑聯的副主席，已鵠候多時了。真讓人感激惶恐！當晚僑聯設宴，享受極豐盛的家鄉餐飲風味。

次日到王家登堂拜母，這是好友王懷義學姊的老母。

王老太太閻秀珍老人家八十六歲高齡，眼明手快，親自下廚燒了兩條魚，炒了四個菜款待。飯後還特為我們母子沖了兩杯咖啡。其他冷菜果餅，擺滿了一桌子。由王琛王瑜兄弟二人引導巡禮晉祠。觀光勝地，詳見拙著《遊記》中。十日十一日兩天，由王琛兄夫婦陪同遊中國的名山五臺山，勝景萬千，此處也不說了。培德背着錄像機，滿山滿寺獵取鏡頭。王琛夫婦左右扶持。我怪他兩人照料我太多，自己不得安心遊逛。我越逞強自己上下，他兩人越發擔心。尤其是王夫人孫靜書，她是小兒科醫生，又是菩薩心腸，只怕我有閃失。一百零八磴的石級廟宇，我們攀登了數處。

全身冷汗呼吸困難

回到山西大酒店，同行同遊兩天，彼此都很投緣。握手言別，依依不捨，蒙孫靜書妹青睞，她是不太說話的人，竟說覺得我比她親姊姊還親！誰知道第二天，她可比我親妹妹還有用！當時一點兒也不疲乏。我心裡想：神佛有靈，保佑我平安有精神，於是當晚就和司機小陳說好，明早八時來。我這回可要上大寨了！回想往事，心情難免激動。但是一夜酣睡無恙，四時醒來，默祝方桂同我去大寨啊！不能再入睡，到五時半，我覺頗累，想着起來梳洗，也許可多清醒振作一些。培德轉側，我問他覺得如何？他說空氣也許不太好，開扇窗吧。挨到七點，我說覺得不太舒服，培德吃驚，一躍而起，問酒店有無醫生。醫生倒有，但九點才上班。培德說車子來了去接王叔权把小嬸兒也拉來。我說她已陪咱們兩天，人家要回醫院上班，再說她是小兒科，我老太太若有病，她也許不會醫治吧。培德教我不要下牀，坐了車子急急而去。培德剛出門，王琛來電話了，問我預備好了沒有？我說培德接你去了，但我有一點兒不太舒服！他說那怎麼辦？孫靜書已去上班，把她叫回來吧。關鍵就在此了！我說別叫她了，小兒科對老人有何用？而且我也沒有大病，別麻煩她了。我雖如此說，培德車子一到，王琛孫靜書夫婦跳上車子，直奔酒店而來！

在他們來之前，酒店的醫生也來了。我下牀兩步，給他們開門，回來就喘息沉重，她還慢條斯理地問病情，作記錄。這時培德等已回來了。孫靜書進門一看說："不好，不對了！"她一面叫王琛回醫院借氧氣袋，一面叫人打電話求急救，一面又說救護人員來得慢，快上車，快到醫院！她和培德各扯着我的一隻膀子，蹣跚而行。我還覺得行動不難，誰知才走了三五步，出了房門，我竟不能再舉步了！

到李家溝祭拜祖祠

靜書說快放下平躺在地上，但我躺不下去，呼吸更促了。靜書抱我半坐着，立施人工呼吸。她是女人，不久，氣也衰竭，改由培德做呼吸。她則指揮大家，快叫救護車，快叫醫生。又給我解開衣服，壓胸口，開窗户。酒店經理是氣功師傅，這時也上來，掐我的頭，捏我的脖子！亂作一團！培德急了，又向市公安局求救。公安局說他們只管拿賊，不管急救。培德說："美籍華人突發急病，命在危急，你們不救也得救！"耳旁靜書又吵："來不及了！趕快！趕快！唇已發紫,面已發白,全身冷汗,命已垂危！"一霎時王琛取氧氣回來了。嗚嗚嗚！公安局救護車,醫院的救護車一齊到達。擔架把我抬上車,靜書、培德上車護送,施用氧氣。到達醫院,內科、心臟科、X光技師都已列隊等待急救。而那時我闖過危機,已能自動呼吸了。若非最初靜書及時趕到搶救,就是扁鵲再世,遲了那一步,我已做山西之鬼了！在大家忙亂的整個過程中,我可是耳明心靜,思潮如湧。想着我們母子高高興興回國尋根,誰知風雲不測,旦夕之災,竟叫我兒給父母兩人送終,他算是盡了大孝！他要是捧了骨灰盒子回去,姊姊妹妹相見,又是何等的悽慘！而我最後的一段路程,竟是躺在兒子的懷裡走過去的！全身不酸不痛,死也不是那麼恐怖,我不是也希望方桂早來接我嗎？我就安心等待吧！但是轉念一想,不成！不成！我的心願未了。方桂的傳記還沒寫完,我父陵上的石馬還沒貢獻。我心願未了,我不甘心！這一轉念,悠悠氣轉,我又漸漸地會呼吸了！

事後大家告訴我,我心中所想之事,竟而大呼起來,這一呼叫,氣就透過來了！在山西第一醫院調養,可是這家醫院,既然無衛生設備,又不供應伙食。在此湊合了一日一夜,第二天僑聯的人也來探病,大家都說在此環境中,心情不暢,恐難很快復原。因此我回山西大酒店。張水旺,心臟科醫生,十分高明,每日來診視兩次,護士每日來打兩針盤尼西林。如此三日,我已病愈。

我問培德："在那種熱鬧場面下,你沒錄像嗎？"培德說：

"我的媽呀！在那種情形下,你幾乎把人急死嚇死！有天上掉下來的奇景,我也無暇去錄像呀！您老人家還幽自己一默嗎?"十六日太原大學紀念方桂逝世三周年紀念開會,我還做了短短的報告。十七日我們又來回坐了八小時的車子,到李家溝去拜祖祠。祠堂是磚房瓦頂,未遭兵燹,頗為壯觀。因時間倉促,只好用水果、清酒、三五牌香烟,燃燭上香,培德和我三跪九叩首,方桂的名字竟已登上了祖先名位。挖了一塊李家溝的泥土,回家給方桂裝爐焚香,以表微意。到徐州的車票,只好退掉,這次不敢再冒險了。

頂禮蓮座悲咽故人

十八日我們飛到上海朱鶴年兄嫂家,朱到烟臺避暑,由他的長媳良秦和兩孫兒殷勤款待。朱因我之來,提早回家,歡聚數日。二十一日是方桂逝世三周年紀念日,良秦姪媳為我安排到龍華寺做佛事,因那裡有方桂的蓮位。二十三日由朱兄安排車輛送我登機回美。按時平安降落舊金山機場,大女來接,母女吻抱恍如隔世。到此是有驚無險,圓滿結束這趟長征！飛機上思考,這次旅行又看到好多人生百態,感慨萬千,有俚句云:

一九九○年八月二十一日方桂三周年忌辰,偕培德兒同朱鶴年兄嫂巡禮龍華寺歸途感作。

　　三載悠悠如逝水,斯年斯日履春申。

　　高升蓮位深深拜,默禱悽悽化金銀。

　　香燭花果俗家供,九僧鐘磬誦梵音!

誰云西國無樂土？魂兮往返似浮雲！

六秩交誼承致敬，世代相知有幾人？

情深送我騰雲路，一飛何日再逢君？

（序）一九八八年同朱鶴年兄嫂初次訪龍華寺，一見方桂蓮位，朱兄痛哭失聲，至為感人！

久慕龍華寺，
驅車夕照中，
巨石天外來，
平地起高峰。

蒼松虯峰頂，
舉目望無窮，
蹀躞遶佛殿，
禪房第幾重。

頂禮謁蓮座，
悲咽故人情，
默問君知否，
明日又遠征。

(1) 永懷方桂　百日祭辰（一九八七年十二月）

有人說：凡是經過艱苦、悲痛、創傷的人，只要能够努力活過去第一年的話，回首前塵，這第一年應是最難以忍受，最難以言喻的了。一年的煎熬，尚且如此，一百天的那種錐心刻骨的哀愁,只有同病者可以相告相憐,實難以向普通的人傾訴! 當我每一思念方桂之時,總不免要想起親友們所賜贈悼念他的文、詞、詩、聯、等,其中雖也有些溢美之詞,而大多是對他求學的過程,治學的態度,教學的真誠以及作研究的嚴肅,無一不是真實貼切的肺腑之言。方桂是那麼一個虛懷若谷,而又謙讓的人,在他生前,每有友好們誇讚我們幾句時,他總是半真半假地笑着向我說:"別信以為真啊!別信以為真啊!"

現在,沒有人在我面前說別信以為真了。我在悲悽之餘,只感覺大家的言深語切,感人五內,我信以為真。

方桂的靈灰現在家供祭,百日時,原擬安厝於樂聲禮堂,但因在臺灣特製由臺靜農教授惠題的石盒遲到,只好以後再選吉日奉安。屆此百日祭辰,謹備香花、五供、金銀、冥衣、麻將牌及輓詩一首焚化,魂其來享!

(2)憶方桂(一九八七年十一月二十八日)

憶昔歸君日,忽焉五五年。

欣逢三秋日,情鍾一菊緣。[①]

無才匹大儒,惶悚日懸懸!

喜君性淑雅,情深似鰈鶼。

---

① 新婚夜,方桂獻我乾菊花一枝,原來是初次相逢時,我佩戴肩上而失落在他家的那朵艷麗的秋菊。他竟自保留了三年! 他向來不善表達,而竟情深若此!

兒女早日到，家業無憂煩。
烹茶猜書史，歲月曷悠閒？
樽俎宴佳賓，長幼樂陶然。
研讀平生志，遨遊遍大千。
華年真似水，人稱神仙眷！①
期人唯忠恕，約己尚謹嚴。
饋書飽衆士，②風節庶可傳！
桃李久成行，餘蔭勵後賢！
興來調朱黛，花蝶自翩翻！
偶作方城戲，良友竟日歡！
羅漢列二九，四喜慶三元！③
吹笛善南曲，意韻何纏綿！
悲歌馬嵬驛，痛惜楊玉環！
晚功集泰典，時彥譽無前！④
丁柯二君力，及時見唐蕃⑤
披閱且自豪，謎揭百世言！

---

① 結婚三載,事業巔峰,兒女早到。
② 藏書數千冊,於他生前逝後,悉數捐贈歷史語言研究所和清華大學。
③ 十八羅漢、三元、四喜,都是麻將中的滿貫牌。方桂作成,他很高興。
④ 泰語手冊書寫成後,泰國以及各國的語言學者都譽為以前從無人作過如此的比較。泰國朱拉隆功大學 Chulalongkorn University 由皇姊長公主主持典禮頒贈金盾特獎。
⑤ 唐蕃會盟碑中有很多不解之謎,都經方桂分析闡譯出來,和柯蔚南君聯手寫出,急急付印。由丁邦新君督催趕釘。膠水未乾,即包裝航運。幸在方桂入醫院後,神志尚清醒時,及時收到。作者見到自己最後一項作品,其欣喜情況,可以想見!

　　　　方慶偕白首,二竪忽為奸!
　　　　孤車逐晨霧,午夜伴榻眠。
　　　　握手難留駕！術窮不回天！
　　　　傷哉君去矣！宇宙似覆翻！
　　　　蹀躞空成夢,踽踽殊堪憐！
　　　　耳邊宣佛號,迎我速重圓。
　　　　並肩入大海,①浮沉共往還。
　　　　君曾頷首應,無語淚清清。
　　　　音容歸何處？杖履渺湖邊！
　　　　往事難回首,空幻似雲烟！
　　　　佛說人生露,罪孽痴嗔貪！
　　　　天國有妙樂,革囊可棄捐。
　　　　君去真急急,君來太姍姍。
　　　　君魂何日返？疾首問蒼天！

　　百日祭辰,謹備金銀五供,香燭花果,長歌當哭,以祭以奠,魂兮來享！

(3)安厝方桂　你安息吧

　　從方桂生病之日起,他離開我已經將近一年了！這一年漫漫的日子怎麼過的,真是悽悽慘慘,迷迷糊糊。夜間清醒,白日如在夢中！迷糊時常常覺得他還在我身邊,清醒時

---

　　① 在家停靈百日後,暫厝於樂聲禮堂,日後一同水葬。因生前喜旅遊,逝後隨波逐浪,更可四海觀光！

則猛然驚覺他已不在人間了！再也不會在我身邊了！

雖然在這段迷離恍惚的時日中，可是沒有一天不想寫點紀念他的文字。但紙短情長，一言難盡！而且每一伸紙提筆，心頭慘痛，意念如麻，難以凝思，不知不覺中，紙又濕了半張。在此情形下，只有擲筆痛哭，稍解悲思！

我真不願方桂魂靈有知，對我懸念，更不願親朋兒女為我擔憂，所以多加注意飲食衛生，善自排遣，幸我身心素健，一如往昔。有時憑欄下望，每見麗日晴空，湖平如鏡，世界如此的美好，我現在是無掛礙，無恐怖，我正該振作精神，享受我美好的夕陽。夕陽是如此的美好，但在我的感覺上，比方桂初病時我最痛苦的日子還要痛苦！

回憶他乍病的那晚，真是勢如山倒，令人心膽俱裂！但是并非沒有一絲希望。那一絲希望，雖是渺茫，可是它卻能給人無盡的支持。現在希望已絕，雖然是無掛礙，無恐怖，但回首前塵，如霧如電，心似古井，身如枯葉，飄飄蕩蕩，若夢若幻，大有不勝荷負之感！

病一起始，就因左腦面出了問題，造成飲食難下，言語不清的現象。雖在昏迷急救的狀況下，他對我的掛念，不減平時，言之痛心！他在急救室中，注視牆上的鐘，指手畫腳，至為焦急，但語言不能達意，我只有隨時告訴他三點鐘了，五點鐘了。等到六點鐘了，他挣出一句話："開車！"原來他怕我停車過久，受罰。我說車已停妥，不會受罰，他安寧一陣。兩三小時後，他又指鐘不已，我說："八點鐘了，你要甚麼？"他又挣出一句："回家。"平時他小病住醫院，總叫我九時回家,怕途中不安全。我告訴他今夜不回家了,在醫院陪伴。他很安慰的樣子,平靜下來。他對我種種顧念,不勝枚舉。那麼一位大語言學家,平時聽覺比人準,發音比人靈,一旦病來,言詞竟不能達其意,其痛苦沮喪的心情,多麼難以忍受!現在這種痛苦,這種沮喪都解脫了,以及其他所有的痛苦都解脫了!方桂!你安息吧!不必再有所掛念同不放心了,你安息吧!

在家停靈百日後本要到禮堂安厝的,但因從臺灣定做的石匣晚到,因此又在家多停了一百日。直到八八年三月二十三日,培德又西來開會之期,我率領林德、培德、達禮、徐珂數人,香花五供,祭奠移靈骨於奧克蘭市樂聲禮堂(Chapel of Chimes, Oakland)。

樂聲禮堂

這家禮堂,始建於一九零一年,是巴黎藝術學院著名的第一位女工程師朱利莫根(Julia Morgan)精心設計、監工、擘畫、營造的。直到一九八二年,歷八十餘載,才算正式完工。莫女士已在一九五七年過世,又由一位傑出的青年工程師勞瑞木爾(Larry Moor)接手擴建充實,才形成今日北美最堂皇美觀而兼權威性的最大禮堂。它有百餘房間,十五萬五千座靈龕。大小五間禮堂,每年主辦喪事、喜事千餘起。而且有附設的停靈室、火化場、棺木店、墓碑作以及各種的服務。因此學術圈、旅遊隊、音樂表演、演講集會以及各種宗教儀式,終年不斷。禮堂的整個精工美料,紅瓦黃牆,鮮明悅目的西班牙色彩,配合哥德式的畫棟雕梁,七彩琉璃門窗,都是十七八世紀的藝術品。更兼噴泉、花圃、浮雕立像、隨處點綴,神寵層層叠叠,通廊曲曲彎彎,一進正門,如入迷宮。此處雖缺湖山之勝,而有庭臺之美。細樂幽幽,伴着人低誦真經,頓覺魂靈就在咫尺間了!樓分三屑,頂樓有巨型天窗,無風雨之患,多日月之光。廳名晨曦。離家僅僅三里之遙,便於時時祭拜,可說是很合乎理想的佳城。此間安厝,以便將來同歸大海。方桂!你在此暫時安息吧!

(4)憶方桂　海邊哲人(一九八八年六月)

一年一度回島國勝地夏威夷,一為找數年來的會計師朱華潼報稅,二為探望夏大的同事們和曲友牌友,三為回歸舊遊地一尋往日的美夢,照理心上有說不盡的親切,愉悅。今年的情景可不同了,一非報稅,二非探友,三來更不敢尋幽覓勝。我抱着一顆破碎的心,孤孤單單是來此辦理遺產手續的!

暮春三月,人間仙境的夏威夷,天依然那麼蔚藍,花依然那麼芬芳!陣雨來得疾,停得更快,本地人稱為流質的驕陽,沖洗之下,鳥雀分外地活躍,不停地歌唱,花朵更嬌艷得幾乎使人妒恨!唐人說得好:雨斷歸雲急,沙乾步履輕。乾沙雖然鬆軟,但我的步伐却那麼沉重,好不容易才拖到水邊!這是方桂同我住外基基時,每日晨步的地方。他不喜歡水與沙,只是走在岸邊和我呼應着。我就沿着水涯,讓清流滌足,往還的疾浪,濺濕裙衫,飽享那緊緊偎依在大自然懷抱裡的安適,寧靜!今天我一面走着一面叫着:"方桂,現在你可以和我並肩散步了。現在海水不會打濕你的腳,泥沙也不會跳進你的鞋了。"心中想着,走着,說着,已經到了那條伸入海面百步之遙的長堤了。堤上靜無一人,只見堤口的浪花,捲捲舒舒,真是不舍晝夜,水清見底,小魚三三五五,自得其樂!我正看得出神,忽然背後有人向我說:"看那小魚,游來游去,多麼的瀟灑快樂啊!"我頭也沒回,惠子問莊子的話衝口而出:"子非魚,安知魚之樂?"接着我問:"你是海邊的救護人員嗎?你是要來救我麼?""不是,不是,我不是救護員,也不是來救你,像你這樣的人,還需要救麼?"我說:"哎!你不知道我心裡想甚麼,也正和我不知道你心裡想甚麼一樣。"他說:"知道,知道,這麼光華的世界,這麼美好的人生,任何人除去讚嘆這大自然的奇妙,同享受愉悦的人生,還能想甚麼呢?"我說:"是啊!大自然是非常奇妙,人生是非常美好,但是我的心情却非常痛苦!我自半年前失去了伴侶。我驟然間覺得這個大千世界同人生百態都走了形,甚麼都不是那麼可愛同美好了。"我注視着滾滾的急流,自言自語地說:"方桂這時若是有靈有聖,來拖我下水,我一定很快樂地逐波而去!他如不來拉我,我真恨我沒有那股勇氣跳下去!"背後的人說:"噢!他可不會來拖你下水。你如此的想念他,他一定很愛你了。他如愛你,就當始終如一,聽其自然,他為甚麼要來拖你下水呢?一個失去他或她最愛的人的人,就應當更有勇氣好好地生活下去,那才是也愛他最好的表現啊！該回去了吧！"我說："遵命！請！"

他很有禮貌，斜退了一步，讓我先行。我這才抬頭一看，原來是個很年輕的人。我心裡想，此人談吐如此有深度，如此有哲理，真不像個美國年輕小夥子。已行出十幾步，忽然想到跟人說了半天話，也該道個謝，說聲再見吧。但一回頭，他已不見！奇哉！背後是深海，別無去處，路牌標明是游泳禁區，青天白日，他能到哪裡去了呢？不想了，不談了，我急步折回公寓！

下午見到了關琴、錦堂等人，向他們談及此事，並且盛讚這位年輕的美國人有深度，有文化。大家都說："是啊！我們大家整天都向你這麼說，你聽不進去，人家是陌生人，也是這麼說吧。"錦堂是有道行的，又會看手像。他看了我的手，說這沒有法子，我心裡有個結。這個結不自己設法解開，誰的話也不會聽進去的。信然！我心裡是有結，自己就是解不開，結緊時，常常有窒息之感。到了這種情形，我只有獻花、燃燭、上香、念佛。真是心有千千結，無盡綿綿意，熄香寸寸灰，臺燭滴滴淚！

一九八八年六月七日方桂病日周年泣書

(5)念方桂　周年祭辰(一九八八年八月)

方桂離我整整一年了，我時常望着這一天，因為有經驗的人告訴我，人之悲痛捱過一年，自然會漸漸平安下來。一年過去了，這一天來了，可是我的平安依然遙遠！人生如夢，我的一場惡夢！五十五年，朝夕相聚，甘苦相共的一個人,怎麼可能一去就無影無蹤了呢?我希望這是一個夢,並希望這個噩夢速醒!可是這一年以來,至親好友,悼他的,弔我的,從世界各國各地,隨時寄來,這是鐵一般的事實,這是我悽慘的命運!誰說是夢?我在悲痛之餘,把悼文,慰信,強睜着模糊的淚眼,細讀細看。這時,更使我想到方桂在學術上的貢獻,在親友心目中的地位,真是非常人所能想望的。每次各處的追悼或紀念會中,男士們都多次哽咽,說不出話來。女士們則涕淚滂沱,唏噓不已。一個人生前死後,能得如此,還有何求?

逝者已矣!他所留給家人的悲痛,可是永無止境的!尤其是我,半世紀以來,甘苦與共,休戚相關,一旦雙飛折翼,幽冥永隔,其刻骨錐心之慘,誰能忍受?生老病死,離合悲歡,本是人生的自然規律,誰能避免?七情六欲,貪嗔痴戀,誰能解脫?佛說苦海無邊。主說人生是來受苦的。我至今才明其深意。

方桂身心素健,享八十五高齡,兒孫滿堂,壽終天年。病重的前夕,還在親朋歌唱歡笑的籠罩中。家庭、社會、同僚、師友、門人沒有一個人不愛戴,尊敬他的。他為人的操守,學術的貢獻,顯赫的榮譽,對人的慈祥,沒有一件不是使我永生懷念的!使我永生痛惜的!在我心目中,你真是個完人。

一九八八年八月二十一日是方桂周年紀念,謹備金銀、衣服、香花供品致奠,魂兮歸來!

我不迷信,但年幼時,有個善知前因後果的親戚,曾告訴家人,說我前後是個殉情的節婦,今世重圓,會有四十年的安樂生活,如行好事,可再延續,而且永無孀婦之憂。此是舊話。五十五年的安樂生活,飛一般地過去了。到了暮年,我倒時時擔心,我命不寡,必先死去。方桂雖然是一位慈祥的老人,兒女雖然也孝順他,但在我去後,他還能得到他所需要的照顧嗎?他總不會先我而去的。這次病篤,我才猛然驚覺,語云:女過六旬,夫死不孀。有此驚覺,我不禁冷汗淋漓,恍如轟雷擊頂,大事不好了!方桂是要先我而去了!

一九八七年是我有生以來最不幸的一年。幼年雖曾遭大故,人在年輕悲傷顛沛,痛定難免後怕,但身當其衝時,却好像疾雷頂上一轟就過去了。但老年遭故,就身心搖搖,大有不勝負荷之感!我往日的堅強,往日的瀟灑都何處去了?難道都被方桂給帶去了麼?可能麼?不可能麼?我怎麼變得如此脆弱而無能了呢?

方桂病中曾諄諄囑咐我說:"好好地生活,可別離開我。"那時他的語言已有點兒不太清楚,而在勉力之下,清清楚楚地囑咐我這麼兩句話。我當時當然滿口答應下來。既然他叫我好好地生活,他就該給我勇氣,給我力量幫我好好地生活下去,以達成他的願望。那麼不要離開他是甚麼意思呢?現在是他離開我,而不是我離開他啊!"可別離開我"五個字的含義我不明白了。莫非是在他去後我別再嫁?那太迂了,太荒謬了,哪有八十歲老人再談婚嫁的事?後經友人給我解說是他臨終時,不要我離開他的意思。我聽後大為安慰,我的諾言幸而履行了。在他彌留之時,我同培德,和他緊握雙手,口誦真經,向他平安道別,直到最後!後來聽說經典上也有此話,說人之將死,心中恐怖,若有親人在旁,念佛送終,他會安返天國的!但願如此!

現在回想起來,他最近的老化是很顯著的。方桂那麼聰明睿智的人,早已覺到,他只是一向含蓄,不作驚人之語而已!一九八六年七月回臺,開院士會議,心情頗為緊張。丁邦新當選第十七屆院士,他很以弟子為榮,舒了一口長氣,不勝感慨地說:"下屆會議,也許就不來了!"我頗覺不祥。立刻回他說:"這是甚麼話?臺北還有人有事需要你支持。你再說以後不來,豈不對令高足們有厚有薄,令人寒心麼?""以後也許就不來了",誰知今成讖語!

歸途中本說順道回山西老家祭掃,因為本縣縣長和其他父老也都有專函邀請。我認為不可過勞,先回家休息一陣再說。而且年底漢學會議,還要出席,明年再說吧。誰知道一踟躕回鄉之願,就永遠無法實現了!思之愴然!

本年清華大學要設語言系,由李壬癸、李亦園兩先生聘方桂回國一年,他十分興奮。丁邦新還怕有甚麼不妥,尤其是醫護方面,大家徵詢我的意見,我雖覺小有不放心處,但是高齡之人,校方來聘,也是很可喜可賀之事。他還說將藏書帶回去一部分,捐贈母校,準備秋日回臺。醫療方面無問題,因他最信任心臟專科董玉京。董不但是名醫,又是故人之子,每有診視都十分關切,手到病除,已非一次了,他對董玉京十分信任喜愛。

十二月回臺時出席二次漢學會議,他雖榮膺名譽秘書長之職,但我的感覺他已不像前次那麼勝任了!會後丁邦新、李壬癸及毛高文校長(今之教育部長)都和他談到清華的種種優越條件,他都不置可否,微笑不言。等眾人堅請他去看看宿舍,他才慢吞吞地說:"不必了吧。"這句不必了吧,豈知真是不必了吧!也成讖語!

對於這句"不必了吧",我頗詫異!丁邦新、李壬癸二人也有些慌張,一齊問我為甚麼變了卦?我也不知,他也從沒和我提過不來清華之事。以前我猶豫時他還勸我。照我推測也許是他的重聽加深,若有問題不易解答之故,丁李都說:"老師上課,我們當然都來聽講,學生有問題,我們能代答則代答,否則就挪近些再重問也是易事啊!"我把此話轉告,他只是微笑不言。

我現在回想,以他那麼聰明睿智的個性,一旦發現自己的視聽不靈,工作時力不從心的時候,一定是非常的沮喪、痛苦!而下意識中有竊盼或有一天,奇蹟出現稍有恢復,所以他不明置可否,盡在不言中。這也是他那種好強好勝之人的天大煩惱!

一九八七年一月一日,我穿了懷義妹給我作的大紅衣裙,在銀翼餐廳請方桂的門人們帶同眷屬吃年飯。大家興高采烈,談笑風生,總以為這樣的日子隨時會有,哪知竟是最後的一席!The last Banquet!

以後我們又應了香港陳方正先生之邀,到中文大學演講,盤桓了一星期。接著是泰國門人之請。主要是楊知禮,布若平等到朱拉隆功大學座談。諸位女弟子又請吃飯,請郊遊,快快樂樂地遊歷了十天。他研究泰文泰語,大半輩子總算又來曼谷告別,可說不虛此行。臨去時楊知禮又堅請說,公寓之中永遠可以有空,望今後年年來此度假。盛意可感,但是年年來此度假,只有夢中了!

三月間又去了每年一次的夏威夷之遊。和諸多老少朋友暢叙,暢談。平劇社、昆曲會、麻將局都是每場參加,十分快樂。唯一美中不足的是每次來去,都是預先通知,朋友門人們乾兒女們,大家三兩輛車,花環成堆,歡迎歡送。而這次我偏自作聰明,沒通知大家。我因自己旅遊,常來常往,既非講學又非教曲,旅行車輛直達外基基,何必叫大家往返接送?方桂很不喜歡這樣冷靜的場面,很有微言,學生輩很覺不安!我哪裡能料到他這是末次來夏威夷呢?

歸途中又到西雅圖繞了一個彎。因安德之請,去給她溫居。在她溫暖的書房裡住了兩星期。七歲的大成,跳來跳去,滿屋子都顯得活躍充實起來。我們對他十分疼愛,帶他出遊,看他打球,又給他們母子二人添置些新居應用的雜具衣物等等。

喬其・泰勒教授一聽我們來了,立刻邀請。這是華大當年遠東系主任,方桂同他同事二十年,非常合作,彼此也非常器重。現在彼此都退休了,幾乎二十年沒見面了,現在歡聚擁抱,暢談當年的黃金時代,一去不返,分手後的滄桑,感慨萬千!臨別時泰勒先生說:下次來時早些通知我,再把當年的故舊、同事、學生、朋友等都約來歡聚一場。如此的美意……

　　高叔哿兄嚴倚雲姊請客，意義深長地把方桂的已經離校和在校多年的學生請來聚會。當日的小夥子們，目前都已家成業就，談笑十分愉快。分手時大家都說下次來，再多找些以前的學生同家屬來拜會。如此依依眷戀地結束了西雅圖的這一段！

　　五月間，普靈斯頓的陳大端，牟復禮二位教授榮休之會。牟教授要約他的師長同學們，方桂和我特被約請，欣然參加。出席，講話，聚餐，一如既往。

　　月底到紐約參加美東學人文藝聯誼會。李培德演講，夏自清教授主持，講後特別介紹方桂並請他發言。他臨時竟能分析北京話和廣東話的對比，文言白話的文學並論其間之幽默感，很饒趣味。我同培德都為他能應付當場起立發言的局面而欣喜！他闡釋題材的內涵十分透徹、微妙，贏得不絕的掌聲！這就是他在公共場所表現的最後一次了！悲夫！

　　會中見到趙如蘭，她交來一張照片。是林德到北京開會時同趙如蘭，羅慎儀三人合照的。羅父莘田，趙父元任，當年既是好友、同行、同事，又曾合力翻譯高本漢的《中國音韻學研究》，一代漢學大師的成名作。今日三女相逢，羅趙二君，久已作古，李父僅存，言下十分悽惶，誰知三個月以後，今人也成古人了！

　　數年沒到東部，因這個機會順訪紐約、華府，也在兒子家同兩孫女等歡聚了月餘，尤其是同徐親家太太每晨同吃稀飯，談天說地，有時還彼此幽默一番！

一九八七年，五月二十八日回家，這是我兩人五十五年來，千山萬水，携手同遊的最後一程！

不久，上海昆劇團出國成行，頭一站就是舊金山，七月六七兩日上演。六月底，上昆到達。來看戲的曲友們如張充和、陳安娜、王節如、白慧貞、俞良濟、陳傳芳夫婦等都前後紛紛從各州齊集。連同本地的曲友一夥子，除了觀賞劇團示範，和非正式的演出以及曲友家的聚會外，到了七月六日上演的下午，好多曲友都到我家會齊唱曲，以待晚間集團出發。一時間檀板金樽，好不熱鬧！大笛師顧兆祺送給林德中國製的昆笛，音色優美而起調低沉，宜於給高年人托腔。由大弟子又是乾兒子陳傳芳伴奏，方桂連歌三曲，調和腔潤，唱得極為愉快！然後他又接過笛子，給充和伴奏兩曲。氣充沛而韻婉轉，又是一番極其完美的合作。音猶在耳，竟成絕響！傷哉！痛哉！

下午五時，大家慌慌張張，興高采烈，進城看戲。表演之神妙精彩，現在也無心再去想它了。戲散歸途中，林德提議消夜。方桂有些不願意下車，我還說：「下車少吃點兒吧，別掃大家的興。」他是那麼隨和的老人，不願煞風景，而他那時已經進食很緩慢，言語不太清楚了。林德和我悚然而懼，說明早必先看醫生，晚上再看第二場戲。

回家後方桂換睡衣，洗盥皆如往昔。以後頭一着枕，就呼呼大睡。誰知晨三時我被驚醒！見他四肢顫抖，口吐白涎！急馳醫院急救。察是中風，住院一星期。病勢略穩，移至療養院復健。在療養院共住了十天,他極不習慣,時時要回家,也時時提到死亡。我則憂心忡忡,勸他不要胡想。他執意要回家,其實醫院距離家裡只有二哩,我每天由早六時到夜十一時,一天五次往返。有時也在他病榻前設地鋪,也如同在家一樣。到了二十四日,只好順他的意思,由李薇紅小姐幫忙司機接他回家調理。在家他雖然不太合作,但是飲食同復健、步行等,也勉為其難。看來他已經放棄希望了!正喜時時小有進步,不料三十日忽然現昏迷狀態,只有再赴醫院急救!竟說是體內缺水分。他雖食少,但飲料不缺,那就是某部分不能吸收了。診斷結果,疑是腦瘤。後經掃描,六醫生會診,已不樂觀。雖有微小的希望,醫生則說要是他自己的父兄,就放棄醫治了。又同婿麥穗檀二孫麥達禮二醫生商酌。他們的答覆是:如依醫生的觀點,非至絕望,不能不醫。如依家人觀點,可以休矣!我的想法和看法,正和醫生們相反。同林德,培德商量。這種生死關頭,誰能有甚麼高明主意?林德是理智勝過感情的人,最後給我分析說:"現在病已危急,不治,且夕可危,治,好的希望也不大,幸而不死,人的神智絕不會恢復如前的。他是那麼敏銳剛強的人,你想他會樂於胡胡塗塗地活着麼?還是平平安安地過去呢?醫療就是割治,割治就是冒險。冒險是為了病人還是為了家人。咱們大家仔細研究,斟酌。在此情形下,誰都不會太明白了。總之只要有一分希望的話,誰能有那般果斷說聲不治了,聽天由命吧。"我說不出來。最後林德說:"問爸爸,看他自己的意思,雖然我們不見得要聽他的。"下午醫院請人簽字,方桂不肯簽,那就算了。誰知五六點鐘時,他忽然間用手比劃着說:"寫字寫字。"保證書拿來,他竟然在上面亂寫了三個字!可是到了晚上,我想他又反悔了。直鬧着穿衣服要回家。那時只靠點滴維持生命,怎能回家?

十一日,在紅木城凱薩醫院實行手術。腦中無瘤,竟是左半邊腦部腫脹,影響語言同飲食,形成中風。傷口恢復神速。兩天後,竟不紅不腫。四肢能動,中英語都可達意,漸現好轉。十四日我草擬短箋,告慰諸親友。影印了二十份,還没全部發出,十八日病情突變,凶多吉少!二十日方桂生日,險象雖呈,但醫生說還不致於絶望。在加護病房,家人也時刻不許在側。晚九時我同兒女回家,尚未坐定,醫院有電話說有變。我等急急趕回,延至午夜,我跟方桂說:"今天已是你我結婚五十五年紀念日了。回想當年,你快快好起來吧!"他還好像點頭微笑。十二時二十分,竟而彌留!一時四十五分,我和培德跪握雙手,低宣佛號之際,安然長逝!嗚乎痛哉!我祝他平安慢行。快來接我。他頷首灑淚!

方桂享年八十五歲。身後遺妻,徐櫻。子一,培德,媳徐燕生。孫女二,元珍,元瑞。女二,林德,婿麥穗檀,孫三,麥元禮、達禮、思禮;安德,孫一,白大成。病共四十四天,謹泣輓云

五十五年猶夢幻,握手難留,君兹去矣!

四十四日徒往返,餘生何惜,魂其歸乎?

方桂生前喜尚儉易,又有人從外埠奔喪,計有安德、元

禮、思禮、元珍、三嫂妙瑛、乾兒子陳傳芳等。都是不能久留的，所以於本月二十四日以簡單嚴肅的儀式追思火葬。遠親近友恕未一一訃告。但是仍蒙直接間接聞信者惠賜越洋電話、電報、唁片、鮮花、奠儀、弔信等等。隆情高誼，感荷萬分！徐櫻率兒女媳婿及諸孫等再拜叩謝，敬啟於美國奧克蘭市。

(6)祭方桂 二周年(一九八九年八月)

方桂！漫漫日月過去兩年！你在世歡樂的時光，五十五年一晃就過去了。所謂度日如年，是人在悲痛中才真能體會到這種情緒！在這暈頭轉腦的兩年裡，沒能安下心做一件有意義的事情。唯一可以向你靈前一提的是去秋我曾回國。到徐州給已過世六十二年的父親徐樹錚將軍修墓立碑。這也是件可遇不可求之事。

安徽省修整縣志，要表揚有歷史地位的人物。我父親原是祖籍江蘇蕭縣，但現在蕭縣已劃歸安徽。我籍也變成安徽人了。因此安徽當局發還祖傳墓地一百平方米，徐氏後人可在墳上建墓立碑。因這個機緣，我才得偕二妹徐美，大女林德，三孫思禮回鄉，同親友、族人鳴爆設祭盡這一點寸草之心！舊恨新愁，心中沉痛得透不過氣來！

致祭陵墓時有俚句留念：
時孤命孤前生定，風雲叱咤久無徵，家人十二誰歸葬？孤墓一座傲秋風。(鐵板道人王虎臣，曾為我父批八字有時孤命孤，叱咤風雲之句。我母及庶母，大哥嫂及我姊弟妹七人大侄福申十二人無一人歸葬。）

在京、津、滬，蘇州，徐州訪會舊親老友，感慨萬千！人之順序生死，都可說是可喜可慰！而老與病，實在令人驚嚇！有的輾轉牀褥，有的言語顛倒。我們有幸生在科學昌明的時代，醫藥雖然使人長命，但不能拯救人的衰老痴呆，豈不也是個大悲劇？看來人能清清醒醒地活着，安安靜靜地過去，真是有福之人也！方桂你的生死都是那麼令我羨慕！

方桂在病中的當天上午，還找他寫的一篇文章，要修改郵寄。在他有生之年，永遠是那麼執着，那麼忠實於他的職守！可以說沒有一天不在盡量地發揮、貢獻！八十五年的途程，幸而平坦，但夙興夜寐，不離於道，也够辛苦了。永遠敬愛的方桂，你可以安然休息了！一九八九年八月二十一日謹備金銀五供，香燭花果致祭，魂其來享。

夢裏乾坤，灵異傅奇，夢境依稀，無憑可信，念佛見光，英灵不昧。科学昌旺的今日世界，誰要是说神说鬼，都像是危言聳聽，但誰要是有親人過世，或多或少，都不免会有些玄妙感應和現象。信与不信是別人的事，甚至於可以说是巧合，或说是迷信，這都不應去研究它。方桂过世已四年多了，屢次的顯應，我現在都把它記下來，也許不久的將來，会有什么科学的解釋。這些顯應最奇怪的是，並非我做夢，而是千萬里以外的朋友做夢，但与我家的事情吻合，豈非奇哉乎？

羅錦堂是夏威夷大学文学系的教授；是方桂的高足，三十年前曾在臺灣大學聽過課,近年來他夫婦又從我們學曲,關係頗爲親密。錦堂除教詞曲以外,还精於佛学,曾被聘到馬尼拉大学講經,也在夏威夷玉佛寺說法,也会圓夢及解釋懺文詩了。他是个很有灵慧的人。朋友之間時常閒談,他对於前因後果,過去未來,手相,氣色,他都能闡釋。至於是否完全參透玄機,那就要因人而論。羅君数次的夢境,使我非常驚奇! 這也可說是他的道行,也可說是雙方的缘分吧!

一九八七年八月二十八日方桂逝世的頭七,羅錦堂给我打电话來說他夢見方桂了,說方桂向他再三道謝,謝得他十分惶恐。他自問近來沒給方桂做一点事,何以如此謝他?他要問我一个究竟。我說:"我明白了。自方桂住医院時,錦堂曾打电话來,是林德接聽的。他說要教方桂念經。自方桂一得病,吓得人少魂失魄,谁也没有念經的訓練同心情。"

奇怪的是,自他染病,從來都不叫人。而那晚忽然大呼"兒子,Peter"。我告訴他說,兒子明天就來了。我心裏想,兒子來侍疾就會好起來,誰知他是叫兒子來送終的。傷哉痛哉! 這是他過世以前一星期的事。

林德說她父親說話已不太清楚,何能念經? 錦堂說你可以寫"阿彌陀佛"四個大字,讓他看着,他心裏就會念了,自有好處。林德將信將疑,也沒寫,可把這話告訴我了。我從那天起,一到醫院在他身邊就念經。直到他臨終時,我同培德都握着他的雙手,高誦"阿彌陀佛"。寄女孫穗芳多年前就跟我說人在臨逝前,在他身旁誦經,能除一切苦,西去途程平安。我早已知道,但臨時已憂嚇得糊塗了,誰還記得念經?經錦堂一提,這才想起念經,若是在天國真有那麼大的好處,那方桂是要向錦堂再三道謝的了。而且我第一天念經的那晚是住在醫院他的病榻旁的,方桂説他看見"火",我校正他説是"光"吧?他點頭。又説有"人"我説是"神"吧?他又點頭。我問他是"阿彌陀佛麼?釋迦牟尼麼?"他都搖頭。我問到是觀音菩薩麼?他連連點首。並且重復説了兩聲:"兒子,兒子,peter peter"。

睡衣換新往見老友

錦堂又説方桂夢中出現時好像穿得不太整齊,像是灰兮兮的一個半長不短舊大褂子。我一想,這不分明是醫院給病人穿的睡衣麼?過世後三天大殮時的衣服已經得不到了,故夢裏出現是穿醫院睡袍。因此在七七時,我會焚化金銀紙幣,並且買到冥衣一同焚化了。兩天以後,白慧貞是我們夏威夷的曲友,也算是我們的徒弟,白君也是皈依佛法的人,打電話來説:"夢見方桂師笑嘻嘻的。穿着一身唐裝,極其合身瀟灑。可是我從來也沒看見過李先生穿唐裝啊;因爲我知道你們來美國多年,根本也許都沒有那種短衫長褲了吧。"並且強調説他穿了一雙圓口白底黑幫的中國布鞋。説起來,實在令人難以想信,可又不能不信,因爲是我在韓國百貨店買的紅紙包袱,裏面正是包着一套短衫長褲,同一雙圓口白底黑幫的中國鞋。白慧貞远在夏威夷,我焚化的什麼衣服,她怎么知道?实在是不可思議!我並未告訴她焚化衣服，更不用說唐裝西裝了。而且我和白慧貞，並不時常通电话。

一九八二新年時，羅錦堂电话拜年，他說："眞奇怪昨宧夢中又見到李先生了。他穿了嶄新的西服，还打了紅領帶。他還說您給他念經，还念了好多白字，他说時还直哭！您從幾时起開始念經了？我怎麼不知道？你是念白字了嗎？是有字不認識么？"说起來，又是怪事了。老天吶！方桂的高足丁邦新君在香港時，我托他給買了兩套西服冥衣，一付紙麻將牌，同金銀錫箔。在他百日紀辰焚他的，他眞的收到穿上了。自他过世後百日内，我每天誦經，以後每星期日一早，我到他灵灰前献花念經。我没拜过師傅，心經，觀音菩薩普門品都好念，但是地藏菩薩本願经裏的怪字可多了，我可不就读了白字了麼？而又由千里迢迢以外的羅錦堂口中说出，豈非灵異？

訴苦花生

一九八九舊曆新年羅錦堂夫人曹曉雲去辦年菜，看見那種方桂喜吃的蘿卞乾，她一陣心酸，心想，若老師在時，一定大批的買來行孝，因爲這種蘿卞乾不常有，現在有貨而人何需？一念的孝思，夜間方桂竟來入夢，並且向她說："你師母多日也不給我点儿花生吃。"曉雲电话裡告訴我。奇哉！奇哉！方桂平日喜吃花生。培德也喜吃花生。我那時正在培德雲。每次一買花生來，我们都在他像前供上一盤。這次買了一色五磅裝的，多日没有買新的，所以多日也没供他,他竟向別人訴苦。是巧合,還是有灵,隨你怎樣想吧。

錦堂拜年的电话中又説到方桂忽然間和他討論語言學,以及好多字的讀法有很多差異等。錦堂並有信來。"李師母:兹另奉上""敬悼方桂師"詩一首,請指教!最近夢中又見老師,神情愉快,爲我解説"娱,愉,慰"三字之讀音不同,蓋"慰"字,北方人讀音与"娱""愉"同,不讀爲"味"音。又言"娱"不可讀爲"誤"音。諸如此類,已記不清。蓋我非讀語言學者,不知老師何以与我論此?百思不觧也!不一、順頌年安。錦堂一九八二年二月一日。錦堂十分詫異,何以会同他討論該文字問題。我又懂了。原來培德因教學、作索引,和他北京來的助教王平,還有我,三人每天在他的供桌前,翻着幾本大字典,討論有些字發音的不同和正確的讀法。此時此地他又向羅托夢了。羅説方桂提出好多字的特別讀法,可惜他夢醒後不復記憶。並且愉快得告訴羅説家中之事,仍由我管理。我猜想是否因我每日在他像前,燃臘焚香,每日飲食也供上一二色,不知是否指此而言,也不必參詳了。後有張惠英來信也可觧釋。

萬里迢迢來去自由

一天羅又有电话來説方桂急急地出現,狀很愉快,説他很忙,也很自由,隨時到那去都十分方便,説完匆匆而去。羅説他不大懂,方桂爲什麼匆匆地來,又急急地去了。既然來去自由,又何必那麼忙忙叨叨地呢?我説:錦堂,兩者我都懂了。第一,昨天是他的週年忌辰。我上供獻花,焚金銀,所以他急急地一現,就是讓咱們大家都知道他已來享。"來去自由"是因為我每次經過十三街口時,若是駕着車子,我必向街口的行人坐椅上注目一望。若是步行,我必繞着坐椅走三圈。口中照例禱告説:"方桂!你現在一定去得快了吧?不必再坐在椅上等我再去十分鐘後回來再和你同走了吧?"這是以前陪他散步時的中間站,他坐着稍息等我的。培德家門前散步處也有一個中間站,我每次走過,也必要禱告一番。所以他説到那裏去都方便。這是讓我想得到他現在不像以前步履那麼蹣跚,叫我知道啊!我曾和羅有默契,他一有夢就向我報告,他報告的時間,和我的某些行動正好相符。迢迢萬里,我方有何舉動,何以羅君都能知道呢?而且言之確切,豈非怪事?

一九六二年秋,我和方桂發生小不愉快之事。那年三哥道鄰正在我家小住,我曾向他訴苦,三哥笑着勸我説:"方桂是何等樣人?你何必介意這種小事?況且家裏坐着个大舅子,他為什麼不在外頭和女弟子們多逍遥一会兒?总比回家陪太太和大舅子吃飯有意思一些吧!"三哥善于辭令,又最会"息事寧人"。他雖如此説,我知他不是"由衷之言。"若我和方桂有矛盾,他當然会偏袒我的。此話我當然了解他的苦心,一笑也就把此事揭過去了。事隔多年,錦堂竟在夢中見到三哥同方桂對坐談笑。三哥説:"那時我因此事對你確是有点儿不高興!現在想起是多么的滑稽!"説完了,二人附掌大笑!羅錦堂既不明白其因何事而起的誤会,又從未曾見过三哥。夢中他只覺得三哥是个很瀟洒的人。兩人談笑，神情至爲愉快！

羅錦堂又一信云：

李師母：送你們走後的次日，晚飯後散步時，偶成一七絕。茲隨函奉上，請指教。您與林德匆匆來去。崑曲會居然相聚兩次，乃多年來難得之勝會，何時再來，翹首以待也。匆此順頌恭安！

錦堂拜，一九八九年七月十日

夢方桂師

音容如舊倍相親。示我傳言入夢頻。

話到生平無一妄。泉臺信有百年人。

一九八九年七月十日羅錦堂未定草

現形現影還會現聲

九〇年四月某日，把紀念方桂文三篇改寫謄清，以便發表，碰巧林德的好友朱保雍來爲中報索稿，我說正有一篇短稿要寄臺北發表。她說你給我吧，中報接觸面廣，以後再寫，再寄臺北。我說："最近的將來，我不打算寫短稿了。旅行回來，我要集中精神時間給方桂寫個傳記了。"第二天羅君電話來說方桂又在夢中出現。說他很歡喜，聽說有人要給他寫傳記，別忘了提他七個學生，彷彿說此七人之中三人在中國，三人在臺灣，一人在美國，姓名則沒說。他的學生甚多而誰是這其中的七個人呢？此事頗費推敲了。他平日常提到的有丁聲樹、馬學良、張琨、丁邦新、柯蔚南、Badman、

Propin，董同和、黄煌城、李壬癸等。將來他再明示才好，不明示也無所謂。主要是此事又過於神奇！一九九〇年四月四日林德為舊曆八十賤辰設宴慶祝。早晨忽然像似有人提醒我查一下約會記事本。翻開一看，原來八點鐘有醫生例檢之約。不及早餐，飛奔而去。

九十三歲的麥親家太太打電話早來祝壽，接電話人說："哈囉！我姓李，這是李教授家。""我可以和徐櫻說話麽？""她不在家。""今天不是有宴會麽？她什麽時候回來？""她很快就回來。""她到哪裏去？""她到醫院去了。""啊呀！她有什麽病？""不知道。"此人和麥太太有問有答，清清楚楚。而我一大早到醫院，誰都不知道。晚間會面時麥太太說："把我急壞了。你怎麽病了？怎麽一大早到醫院去了？""你怎麽知道我到醫院去了？""你家客人接電話說的。""我家現在沒有客人，一個人也沒有啊！雖然我家時常有客人，但是今天却沒有人。這分明是方桂回家來給我祝壽了啊！"麥太太說電話時，一點兒也没覺驚奇，當晚提起時，在座的客人無不毛髮悚然！此年此日，出此不可思議之事。這叫我怎麽能不隨時隨地都想念同仰慕他呢？悲痛之餘，我也以他不離身旁呵護而增安全感！多謝多謝！又有一天看門人電話叫上來，說有人來拜訪我。說他聽不太明白，不敢放進。叫我下樓接見。我下去一看，原來是密宗大師林雲來了。我立刻請他上樓。忽看電話上留話的信號上打閃燈了。我拿起聽筒一接，有男士聲音呼叫："林雲！林雲！"那時可巧李光謨夫婦都坐在電話旁邊。我抱怨他倆爲何有電話不接聽?他倆說他們根本沒離開屋子,電話鈴一聲也沒有響。林雲也過來接聽,還是那麼叫他兩聲。林雲立刻在他像前作法致敬。他說這是方桂師知他來訪,所以自動在電話裏留話了!怪哉怪事!以前的過世的人,有時現影、現形,現在居然可以現聲說電話!實在是令人難以置信,但是事實俱在,又令人不能不信!我會和錦堂討論方桂既然是如此的罣念我,那他為什麼不向我直接顯靈而每次都要假手第三者呢?錦堂的解釋是:"第一我的道行淺,陽氣還盛。向我顯靈於我不利。第二是,我無時無地都在想他,即或在我夢中出現,還不是都歸於'夢是心頭想'的老話,何以能證明他在冥冥中都知道我的一舉一動呢?"這個說法我同我的兒女們都想不出比這話再較為合理的看法了。

代人償債也有意見

我有甲乙二位朋友,甲君用了乙君的錢合夥買房子,蝕了本,無法歸還。但是甲君知道乙君的情形不能賒錢,又一時無錢還她,向我討論。我說:"大家都是朋友,你既然有其他債務,一時周轉不靈。而又很罣念她,也是好心。那麼我先代你墊上,等你經濟一旦好轉再還給我怎樣?"甲君當然十分願意了。自從一九八五年到現在六年於茲。甲君也沒能夠全部償還給我。

最近晚錦堂又夢見方桂說:"我太太要代甲君還乙君的錢,我根本反對,我也不高興。"確是實情,他當時是十分反對而且因我還是做了此事,他是很不高興。可是他反對同不高興之事，我從未向任何人說過，更沒向羅錦堂說過。豈不是神怪矣哉？

時不我與，近兩年來，我併去雜務，專心要把方桂這本紀念册早日完成。越想結束，就越有些不大不小的事情要做。欲速則不達。不免煩悶。那天，我正寫到傷心處，忽然想吹吹笛子，緩緩情緒。我走到客廳拿起張充和送我的自製的鋁笛，吹不到兩三分鐘，我心裏："罪過罪過！我正寫傳，怎麼會吹起笛了呢？"就順手插入在我書桌和牀之間的字紙筒裏，繼續寫下去。兩天以後忽然發現鋁笛不見了。而這兩天並沒有人來吹笛唱曲，竹笛甚多，鋁笛只此一隻，既不會拿錯，也不會取錯，清潔工人曾來過，也說鋁笛何以會在臥房？又怎會不見？只能說是方桂怪我胡思亂想、不專心寫作，縱然傷感有什麼用？把笛給我藏起來了。事隔數月，笛子再沒出現，我又搬了一次家，依舊渺然！如今紀念册已將近尾聲，笛子是否復出，且看下文！

到今天爲止，我把这三四年來的神奇之事都記載下來，且看他日能否得到某種的科學解釋，現在就算是"姑妄言之，姑妄聽之吧"！

思念母親

李林德　培德　安德

畢生最恐怖的一天來臨得那麼突然,震盪得我們神魂無主,手足倉皇。1993年4月28日,上午九時三刻左右,家母(本書作者)在美國加利福尼亞州奧克蘭市遭遇車禍,急救送醫,傷重不治,與世長辭了。

事情發生的經過是有一些不可解的巧合。當日早晨十時左右,居住在奧克蘭的林德在自己家的厨房,忽然見窗外一隻可愛的小黃鳥自高而下碰到玻璃窗上,待開窗看時,它已昏墜在樓下凉臺上。林德心中正惋惜不已。接着電話鈴響,友人張蕙元女士急報奧克蘭中國城發生車禍,兩位中國老太太已被救護車送到醫院,其中一位是母親的摯友顧張元和夫人,另一位可能是母親。林德聽了魂不附體,急忙開門上車,又見一隻小鳥佇立在園拱門頂正中,似在候她,直到她慌忙推門才飛去。林德急駕車到奧克蘭高原醫院,醫生告她母親搶救不醒,已溘然長逝。所幸老人家沒有受到多少痛苦。當時林德茫然不知所措,木立在急診門首淚若泉涌。

想我們母親一生樂觀、好客，愛熱鬧。那天正約了朋友打麻將，接了顧伯母去中國城買午餐的點心，當晚還預備帶牌友到林德家晚餐。她是抱着歡喜的心情出門的，遇難前一瞬心裏一定還是高高興興的。她老人家一生平易近人，寬厚慈藹，去得這麼突然，無牽掛，没痛苦，未嘗不是她老人家的福分。祇是叫我姐弟妹三人難以相信母親真的不在了。到今天我們還覺得是在惡夢中，希望母親祇是暫時出去幹什么去了，耳膜中還隱約聽到她銀鈴一般帶笑的嗓音："一會兒就回來了啊！"

我們的母親一生是個賢妻良母，從來没有家庭以外的職業。但是，她是一個很能突破局限的女性。她處世待人一直很達觀，記得有一次朋友向她訴苦怎樣被別人佔了便宜，她聽了半响後說："你有便宜讓別人佔，不是證明你的情況比他好得多嗎？"那人聽了啞口無言。這種進取的態度總使她有一些出人意外的成就。

本書是母親寫了紀念父親的，商務印書館的負責同仁大力促成印行，也是紀念她老人家的。讀者從她的文筆中足以看出她的品格。以下的行述祇是補充一下她自己一生的幾件大事和趣聞。

先母徐櫻女士行述
(1910—1993)

先母 1910 年出生在日本東京。時外祖父徐樹錚將軍在日本士官學校攻讀軍事，外祖母入習那時很新潮的家政學院。母親出生在陰曆三月十九日，正值櫻花盛開，因此被外祖父命名"櫻環"。三個月後就回歸祖國，成長在徐州和北平兩地。幼年時在家塾飽讀孔孟經書，青少年時就讀于北平法國天主教聖心學院，但母親一生篤信佛法。

1932年母親于歸先父，他那時是留美歸國的窮學者，得了個在那時少有人知的語言學博士學位。外祖母比較保守，不願意徐李聯姻，但他二人心心相許，堅持到底，終成眷屬。這件終身大決策二人從來沒有反悔，白頭鴛鴦五十五年，直到父親1987年歸天才告一段落。

母親自幼隨父兄學昆曲，一生愛好此藝。1937年，父親帶了家眷到美國講學。那時中日戰爭進入高潮，為給祖國募集救濟金，母親在耶魯大學串演昆劇《長生殿·小宴》中的楊貴妃，可能是在海外演唱昆曲的第一人。以後國內外同期集會，父親母親都經常列席，直到遇難前一星期母親還在唱曲，嗓音甜脆，中氣十足，許多年輕曲友都望塵莫及。

中日戰爭以後，1947年，父親再度赴美講學，舉家又隨行。1949年，父親在哈佛和耶魯兩年的講學合同期滿，中國大陸情況不穩定，母親考慮到我姐弟二人在抗戰時身體學歷都有所損害，不願意再把全家投入戰亂世界。決定不回中國，可幸父親此時應聘西雅圖華盛頓大學，一家定居西雅圖二十年。父親學術聲望蒸蒸日上，母親的烹飪聲望也廣傳學界，家宴三四十人，包括多少中外馳名的學者，母親應付得得心應手,衹忙壞了我姐弟二人掃地洗碗。1954年母親在西雅圖電視臺作了一連串的中國烹飪示範,早于 Julia Child, Yan Can Cook 等"後起之秀"。有一次她示範包餃子,說麵要揉得光滑絪潤,不硬不軟。有位觀衆舉手問怎樣才算光潤,她想了一想答道:"像個嬰兒的屁股蛋兒。"她這種傳情的幽默,使得她的烹飪班大受歡迎;要知道,那時的電視還衹是黑白的呢!

1967年母親發表了她的第一本著作《家常食譜》。這是她多年居家待客烹飪經驗的結晶,包括整桌菜單,着重簡單、可口、美觀三點。1975年她第二本書《寸草悲》問世了。這本書裏詳盡地回憶了她父母和三哥徐道鄰先生。除此之外,她還在《中外雜誌》、《傳記文學》、《時報周刊》上發表了不少短篇散文、遊記等。1983年出版的第三本書《金婚》,叙述了她和父親五十年的生涯,追隨着講學的夫婿,足迹遍及歐美亞三大洲。1993年她努力把先父的傳記完成,有幸被北京商務印書館接受印行,衹可惜她已看不見了。

1991年母親完成了她一生中最大的心願:重修她父親徐樹錚將軍的陵墓。母親以八十高齡幾度往返徐州與美國,終于如願以償。1991年8月30日,在爆竹震耳,香燭縈繞中,母親率領兒孫拜倒在她父母的石砌陵墓前。現在,一圍柏樹和一對高過人頭的石馬守着徐將軍陵前。

1992年母親無意中被選作電影《叙樂社》(*The Joy Luck Club*)中的媒婆,這雖然衹是一個小配角,但因爲她精熟中國傳統風俗習慣,倒成爲很重要的隨場文化顧問。這個電影已在歐美發行,她老人家却看不到了。

我母一生多彩多姿,談笑風生,常常自報趣聞,哄倒在座老幼親朋。我們現在可以想象她在天之靈和父親團圓,天堂也會更熱鬧了。

1993年9月泣撰于北京

附　錄

悼念我的老師
李方桂先生

馬學良

　　八月二十日,公畹兄從天津來信說,方桂師病重。聞後心情極為沉重,但想到先生身體素質康強,1982年因心血管病在夏威夷動手術,翌年8月就回國在大江南北訪問講學,精力充沛,談笑風生,舊友新知都為先生八十多高齡尚如此健康驚異而慶幸。今年2月,慶廈去洛杉磯開會,歸來路過舊金山,先生在寓所招待他。先生夫婦愛好昆曲,據說清唱至夜深,猶無倦容,並為我們編纂的《漢藏語概論》題簽。今年入春以來,先生數次給我來信說今秋回國,一為去山西祖籍昔陽縣謁墓,為先人立碑;一欲去昆明,并約我伴游舊地。我從種種迹象尋思以自慰。我日夜在夢幻中期望、等待先生來臨,陪他重游昆明西山名勝,蕩舟滇海。不幸26日晚,王均兄從電話中傳來先生病逝噩耗。我頓時抑制不住內心的悲痛,軟癱在沙發上,夢幻破滅了,陷入了往事的回憶。

1939年，我在昆明考取北京大學文科研究所研究生，導師是羅常培先生和丁聲樹先生，原定攻讀古音韻和訓詁學。是年，恰逢李先生由美國回國，在中央研究院歷史語言研究所任職。羅先生又指定我從李先生學習少數民族語言調查和研究方法。李先生早年留美，師從美國著名人類語言學家薩丕爾（Edward Sapir）、布龍菲爾德（Leonard Bloomfield）和伯克（C. D. Buck），研究普通語言學、比較語言學方法和印歐語史學的知識，還實地調查美國印第安語。先生的碩士和博士學位論文，都是有關美國印第安語的研究。

1929年，先生應邀回國，任中央研究院歷史語言研究所研究員。從1930年開始，先生就從事侗台語的調查研究工作，先後赴泰國研究泰語，調查研究廣西壯語、水語、莫家話、剝隘話、羊黃話等，是國際侗台語言學界的第一人。

當時，雲南是抗日戰爭的後方。許多學者避地雲南和西南地區，而雲南又是中國少數民族最多的地區。羅先生鑒于雲南這個多民族又有豐富未被開墾的語言處女地，需要及早培養調查研究民族語言的人才，推薦我拜識李先生，並做他的研究生。

李先生待人和藹可親，而在學業上要求嚴格。1939年冬，他親自帶我去路南縣彝族撒尼語地區調查實習。那時民族地區貧窮落後，民族關係也不融洽。我們住在一家撒尼人住宅的閣樓的地板上，閣樓室內高不及二米，我們彎腰上去，就要倒在地板上，否則就會碰破頭面。最難熬的是樓下火塘濃烟彌漫，從地板縫隙直冲樓上，我們作息其間，烟霧充斥房內，令人窒息難忍。而李先生俯仰其間，安之若素，日以繼夜地指導我工作。彝族很少種菜，更缺鹽，每餐以干鹽豆下飯，因而食無菜。這種簡陋的生活，同他久居美國的物質生活對比，真是人不堪其憂，而先生不改其樂，不久就和當地的男女老少心心相通，感情融洽，工作也順利多了。

對於一個新調查的語言，李先生指導先從記錄單詞開始，重點放在語音上。他不主張先擬定調查表去問。這是因為各民族詞意有其特點，往往我們準備好的詞，在他的語言中沒有或有歧義。所以開始調查時，近取諸身，遠取諸物，如此發音合作人望物生義，不會發生誤解或以此代彼。李先生指導我記音，他和我同時記錄；每記一段，把他記的音要我對照改正，并把記錯的音，當場要發音合作人重讀，並要我學會發這個音。對一個陌生的語言初時所記的音，差錯百出，先生向無慍色或蔑視，而是耐心指導講解。這種誨人不倦的精神使我深為感動。先生身傳言教的精神，培育了我以後指導後一代學習的認真誠懇態度。

從先生受業的門生和閱讀先生論著者，都知道先生博大精深，治學嚴謹。如我們完成了記錄撒尼語音並理出了音位，準備離開該地區的前夕，李先生再次和發音人校正記音卡片，發現 a 和圓唇 o 不是一個音位，為此延期留下，把所有帶 a 的詞重新聽一道，才確定該語音 a 和圓唇 o 是兩個對立的音位。我們要好好學習李先生這種嚴謹治學的科學精神。

先生指導研究生采取啟發式的方法。當我寫碩士論文向先生請教問題時，他從不直接解答，而是引導你自己去思索，或指定有關參考書去閱讀，直到你有所悟時，再把你的看法請他判斷。這不僅養成獨立思考的能力；而且鍛煉獨立解決問題的能力。

先生對培養人才，認真負責。我研究生畢業後，留在中央研究院歷史語言研究所做助理研究員。先生任語言組主任。那時研究少數民族語言專業的只有我和張琨二人，因此我們和李先生共一個研究室，可謂朝夕與共，得耳提面命之益。先生很少社會活動，幾乎無日不到研究室，每進研究室即伏案潛心著作，不終篇默無一言。我和張琨與李先生相處日久，漸知先生工作生活規律。先生工作之餘，即"開講"之時，或談他新的研究成果，或為我們講語言理論上的問題。我們也常借此機會請教我們蓄之已久的問題。先生往往廢寢忘食諄諄教誨。

1941年，先生為我計劃重返雲南彝族地區調查彝語研習彝文。我奉命到雲南楚雄地區的幾個縣擬做長久之計，除調查彝語外，我想從彝族經師學習彝文經籍。為了翻譯彝文經籍，先做社會調查，以加深對經籍內容的理解。未期年，因抗戰時期，所內經費短絀，中止我的調查經費催返。我以為時機難得，不忍中輟，因急函請示李先生。先生立即復函，堅囑不可半途而廢，一定要學有所成方歸。先生想方設法支持我完成調查研究的任務。

先生指導研究工作,用現在的話說,教人要有開拓性,不要拾人牙慧,要有自己的創見。1939年12月29日,我親聆先生為國立北京大學文科研究所講演《藏漢系語言研究法》,不僅指出藏漢系語言研究遲緩的原因,而且還提出新的研究方法,尤其對漢語劃分詞類的科學方法,跳出印歐語語法的窠臼,重建漢語語法和同系親屬語語法的科學體系。這是語言科學劃時代的一次講演。

先生不僅治學嚴謹,身處亂世,道德品行,一塵不染。當時朱家驊任中央研究院院長,擬成立民族學研究所,託史語所所長傅斯年先生出面請李先生任所長。李先生堅辭不就。傅先生仍一再敦促,先生最後不耐煩地說:"我認為,研究人員是一等人才,教學人員是二等人才,當所長做官的是三等人才。"傅先生聽後躬身做了一個長揖,退出說:"謝謝先生,我是三等人才。"在那混濁時代,知識界確有拍案而起,橫眉怒對國民黨手槍的聞一多先生;一身重病,寧可餓死,不領美國的"救濟糧"的朱自清先生;但也有一身媚骨,恬不知恥,想的是升官發財,禍國殃民之徒,先生當時所諷刺的正是那些逐臭之夫。我親見先生大義凜然、出淤泥而不染的高風亮節,令人肅然起敬。

先生熱愛祖國,如上所述。1939年抗日戰爭時,先生并不留戀美國安適生活而毅然回國,培育人才。抗戰勝利後,1946年赴美,任哈佛大學訪問教授。

先生身居國外,對祖國的文化教育事業倍加關注,尤其對語言界人才輩出為之欣慰。1983年回國講學時對我說,三十年來國內培養的青年語言學家不但在數量上而且在質量上都有很大提高。并說,他在幾次國際語言會議上親眼看到新中國培養的青年藏學家有很高的聽說讀寫能力,稱讚我們的語文教育方針是正確的。對我院(中央民族學院,現名中央民族大學)為國家"六五"科研規劃承擔編寫的《漢藏語概論》,建議突出三十年來民族語言調查研究的成績。返美後,每次給我來信都切盼該書早日出版,希望生前能看到此書。今年6月13日,給我的最後一封信,開頭第一句話就是"希望《漢藏語概論》早日出版"!可見先生對此書關懷之深。由于我們人事倥偬,未能及早出版,有負先生厚望。這是我們的一大憾事。

回首往事,歷歷在目,光陰如流水,我已年逾古稀,時不再來,常有去日苦多的緊迫感。唯有秉承先生遺願,在大好形勢下,為國家多育英才,為民族語言科學研究作出新成績,庶不負先生培育之苦心。

先生音容風貌,親炙不再,而先生道德文章將永垂不朽!

1987年9月19日

非漢語語言學之父
——李方桂先生

丁邦新

中國人在世界語言學界居於領導地位的有趙元任、李方桂兩先生。他們都是中央研究院第一屆院士,歷史語言研究所研究員。一九二九年,趙先生到廣州中央研究院歷史語言研究所的時候,傅斯年所長介紹趙先生是漢語語言學之父;一九七〇年,李先生在香港中文大學講演,周法高先生介紹李先生是非漢語語言學之父。(非漢語是指中國境內漢語以外的語言而言。)這兩個中國語言學界的最高榮銜獻予兩位最有成就的前輩大師,實在是最確當的事。這兩個榮銜所代表的只是他們最傑出的一面,其實,趙先生對於非漢語、李先生對於漢語都同樣有深湛的研究與不朽的貢獻。從事中國語言學研究的人無論有沒有親炙過他們的教誨,一向都帶着親切敬愛的口吻尊稱他們為趙先生、李先生。本文作者在最近七八年裏有幸受到李先生的教誨,所以在本文裏,謹就所知描述我所知道的李先生。

一、學術之路的歷程

李先生是山西昔陽人，一九〇二年出生在廣州。一九一五年，先生在北京就讀師大附中。一九二一年，先生十九歲，考進清華學校就讀醫預科。一九二四年，以優異的成績赴美深造。同年秋季，進入密歇根大學。由於在醫預科攻讀拉丁文及德文，引發先生研究語言的濃厚興趣，於是改進語言學系，插班大三。兩年後畢業，取得語言學學士學位。隨即進入芝加哥大學語言學研究所。在當時最偉大的人類語言學家 EdwardSapir 及結構語言學派的開山大師 Leonard Bloomfield 指導之下讀書，並研究美洲印第安語言。一年後取得碩士學位。第二年一九二八，就又獲得語言學博士學位。三年連得三個學位，畢業後，先生的指導教授 Sapir 已經安排好一份優厚的獎學金送先生到哈佛大學研究一年。

一九二九年，先生回國，才只二十七歲。立即為中央研究院歷史語言研究所所長傅斯年先生羅致，敦聘為該所研究員。當時在史語所的研究員還有趙元任、陳寅恪、李濟、羅常培等諸先生，都是三十年代最負盛名的學者。就是這一批學者把中國的史學、語言學、考古學帶上現代的人文科學之路，他們是現代學術的拓荒者。

一九二九之後的八年間，李先生從事漢語音韻學、漢語方言學、台語及古藏語的研究。從一九三四年到一九三六年，先生同時也參與翻譯高本漢氏《中國音韻學研究》的工作，該書的另兩位譯者是趙元任、羅常培兩先生。

一九三七年，先生應美國耶魯大學之聘任訪問教授兩年。一九三九年回國，那時國難方殷，史語所正在昆明。一九四〇年遷往四川李莊。此後五六年間，先生陸續調查並研究非漢語。一九四四到一九四六年，先生同時在成都燕京大學任訪問教授。

一九四六年秋天，先生首途赴美，應哈佛大學之聘任中國語言學訪問教授兩年。一九四八年，又在耶魯大學訪問任教一年。一九四九年開始，轉往西雅圖華盛頓大學任教，一直到一九六九年第一次退休。其間一九五五年在臺大中文系講學一年，一九六八年暑期又在臺大講中國上古音。其他差不多每兩年都回國參加中央研究院院士會。一九六九年秋天夏威夷大學語言學系禮聘先生任教，到一九七二年第二次退休。退休後，普林斯頓大學及夏大又爭聘先生任名譽教授，現在仍在夏大工作。

李先生是一代大學者，四十多年以來著作等身。在以上簡單的介紹裏只能把先生在學術工作上的歷程作最扼要的敍述。其中筆者故意沒有提起先生的著作，因為對於一位博大精深在學術上有多方面貢獻的學者是無法從單線的說明裏介紹清楚的，以下分從幾方面來談先生的成就。

二、美洲印第安語研究

一九二六年,先生到芝加哥大學讀研究生時,人類語言學的鼻祖 Sapir 是先生的指導教授。Sapir 對於印第安語有濃厚的興趣。先生在課餘之暇做助理的工作,幫 Sapir 整理材料。一年之內,從整理的材料之中寫出先生的碩士論文 A Study of Sarcee Verb Stems(沙爾西語言動詞語幹的研究)。此文發表在一九三〇年,成為 Athabaskan 語言研究的里程碑。一九二七至二九年間,先生調查 Mattole, Chipewyan, Hare 等好幾個語言。這幾個語言跟 Sarcee 都屬於 Athabaskan 語族,其中 Mattole 語在加州西北部,先生用一個月所記錄的材料寫成他的博士論文 Mattole, An Athabaskan Language,這篇論文在一九三〇年由芝加哥大學印成專書。在調查的那一個月裏,當地除魚以外沒有別的食物。先生在開始的幾天尚有帶去的雞蛋果腹,後來三餐都是魚,除食鹽以外又別無調味品。這一個月的時間材料收集得很多,吃魚的胃口却從此失去,到好多年後才稍稍恢復。

關於 Chipewyan 的研究,先生前後發表了四篇論文,從一九三二到一九六四的三十年間一直在這方面有貢獻。最近出版的 Current Trends in Linguistics 第十本"北美洲"部分中,Michael Krauss 說到 Athabaskan 語族的研究,盛讚李先生在一九四六年發表的 Chipewyan 一文在目前仍是介紹 Athabaskan 語言結構的最好的一部經典之作。同時評論李先生在這一方面發表的比較性及歷史性的論文是根據 Sapir 的系統所完成的最詳細而周延的著作。

一九五二年先生曾經調查 Eyak 語，得到豐富的詞彙，完整的動詞詞型變化式以及若干語料。在一九五六年發表 A Type of Noun Formation in Athabaskan and Eyak （Athahaskan 及 Eyak 語中的一種名詞形成法）。Krauss 認為該文的貢獻在於第一次指出 Eyak 語在比較 Athabaskan 語言中所具有的特殊價值。

先生在這方面的重要著作有：

1. Mattole, An Athabaskan Language. （專書）University of Chicago Press, 1930.

2. "A Study of Sarcee Verb Stems", International Journal of American Linguistics(IJAL)b. pp. 3-27, 1930.

3. "A List of Chipewyan Stems", IJAL 7. pp. 122-151, 1932.

4. "Chipewyan Consonants"，史語所集刊外編第一種，慶祝蔡元培先生六十五歲論文集，頁四二九一四六七，一九三三。

5. "Chipewyan" in Linguistic Structures of Native America pp. 398-423, Viking Fund Publications in Anthropology, No. 6, 1946.

6. "The Type of Noun Formation in Athabaskan and Eyak", IJAL 22, pp. 45-48, 1956.

7. "A Chipewyan Ethnological Text", IJAL 30, pp. 132-136, 1964.

8. "Some Problems in Comparative Athabaskan", Canadian Journal of Linguistics 10, pp. 129-134, 1965.

三、藏語研究

先生的藏文完全出之於自修。早在一九三三年就發表 Certain Phonetic Influences of the Tibetan Prefixes upon the Root Initials（藏文前綴音對於聲母的影響）。該文主要討論古藏語中許多"詞頭"（前綴音或稱前加成分）對於字根聲母的影響，這些影響純粹是語音性的。由於加上詞頭後使字根的聲母發生變化，使人難以認清字根的語型，以致在比較研究上發生偏差，李先生所分析的字根用現在的術語來說就是"基底語式"（underlined form）。這篇文章四十年前發表在史語所集刊，到最近一位英國人 R. K. Sprigg 也有一篇文章討論類似的問題，發表之後就有人告訴他李先生已經討論過這個問題，Sprigg 特別給李先生寫信，說明他沒有看到先生的文章，一方面致歉，一方面也贊佩先生在四十年前就有如此深邃的分析。

先生在藏文方面重要的貢獻之一是一九五五年發表的關於《唐蕃會盟碑的研究》。這個碑記載的是唐穆宗長慶二年（西元八二二年）唐朝跟吐蕃（今之西藏）所訂的盟約。現在仍立在拉薩。碑的四面都有字：西側是漢藏兩種文字的條約全文；東側是吐蕃王可黎可足的詔告；北側是漢譯藏音參與會盟的吐蕃官員名錄；南側則是藏譯漢音唐朝官員名錄。

由於碑文的時代確定，該碑可說是漢藏合文文獻中罕見的非宗教性的檔案。對於漢藏對音、西藏歷史等都具有稀有的價值。這塊碑文在先生之前已經有許多學者研究過，羅常培先生在專書《唐五代西北方音》中就有一節專門討論碑中漢藏官人名的對音。

李先生的研究是全面性的。一方面詳辨碑文拓本上看得見的文字；一方面根據藏文文義把日久殘泐的古藏文設法復原，全部用羅馬字拼寫出來，並加以翻譯及注解。辨認固然不易，復原殘字更是一項極為困難的工作。先生的研究跟其他學者的不同處在一百條以上。當時 H. E. Richardson 討論唐蕃會盟碑的專書已在一九四九年出版。但是通報仍然刊載李先生的文章，主要即由於先生的工作超越他人處甚多。

碑文的對音部分對於研究九世紀的藏語及漢語音韻都有相當的價值。例如：一位吐蕃官員名叫 Khri bźer lha mthong，漢譯為"綺立熱貪通"，可以證明古藏語的詞頭 b、m 等都要發音，跟現代藏語方言中完全消失的情形不同，因為漢字用中古音收 p 尾的"立"字對藏文前一字的 ri 加上後一字的詞頭 b；又用收 m 尾的"貪"字對譯藏文前一字的 lha"加上後一字的詞頭 m。"同時，我們也可以看到當時漢語"熱"字的讀音跟藏語 źer 很相似。李先生後來在研究漢語音韻時常常引用這些漢藏對音來解釋一些語音現象。

在藏語研究方面，先生的另一篇大作是研究敦煌發現的一卷漢藏詞彙。那是玄奘所譯《瑜珈師地論》中若干詞彙的藏文對譯。藏文部分則係取已佚的一種同一經典的藏文本。先生的文章把漢文部分找出每一詞彙在原文的上下文；藏文部分完全用羅馬字譯寫，並用另一種現存的版本找出藏文詞彙的上下文。文後並按藏文字母的次序編列索引，工作極其詳密。

其次，李先生也注意西藏的歷史人物，考證過吐蕃的兩位大臣"鉢掣逋"及"馬重英"。同時也從一些詞彙現象討論藏語的連音變化問題，都是很有啟發性的看法。

先生在這方面的重要著作有：

1. "Certain Phonetic Influences of the Tibetan Prefixes upon the Root Initials"，史語所集刊第四本，頁一三五——一五七，一九三二。

2. "鉢掣逋考"，史語所集刊第二十三本下冊，頁四四三——四四六，一九五二。

3. "The Tibetan Inscription of the Sino-Tibetan Treaty of 821-822", T'oung Pao 44, pp. 1-99, 1955.

4. "馬重英考"，國立臺灣大學文史哲學報第七期，頁一——八，一九五五。

5. "Notes on Tibetan Sog", Central Asian Journal, 3, pp. 139-142, 1957.

6. "Tibetan Glo-ba-'dring", in Studia Serica Bernhard Karlgren Dedicata, pp. 55-59, 1959.

7. "A Sino-Tibetan Glossary from Tunhuang", T'oungPao 49, No. 4-5, pp. 233-356, 1963.

四、侗台語研究

侗語是指貴州東南部的四種方言。台語不是臺語,也不就是泰語,臺語是指臺灣的閩南話,是漢語的一個方言;泰語是指現在的泰國話,只是台語的一小支。台語所包括的區域相當廣,泰國、寮國、越南北部、緬甸東部,以及中國的西南部都是台語區。

李先生在侗台語的研究方面付出了最多的精力,如果我們推許他是國僚侗台語語言學界的第一人也不為過。從一九三〇年開始,先生就從事侗台語的調查及研究工作。赴美之後曾經到泰國去過幾次,調查的材料未見發表,不知詳情。現在按手邊的材料把先生早年調查的侗台語方言作一個小統計:

時　　間	地點	方　　言
一九三〇	雲南	剝隘方言(仲家話)
一九三三	泰國	暹羅話
一九三五—六	廣西	天保土語、龍州儂語、武鳴僮語、西林、田州、百色、凌雲、遷江、柳州、中渡、永淳等地的僮語

一九三六—七　　雲南　　　呂語
一九四一　　　　貴州　　　羊黃話、獨山土語
一九四二　　　　貴州　　　水家話、莫家話

先生的足跡踏遍中國的西南部，親手調查的侗台方言至少在二十種以上，真正做到當年傅斯年所長所說的"上窮碧落下黃泉，動手動腳找東西"。

先生在侗台語方面的研究是以描述性的研究為基礎，再建造比較及歷史研究的樓臺。除去親手調查的二十種以上的方言以外，先生參考或引用他人研究的方言材料至少也接近二十種。以三、四十種方言為基礎，是何等堅實的基礎，所以先生的樓臺也建得比他人的巍峨。

早在一九四〇、一九四一、一九四三連續完成三本專著：《龍州土語》、《武鳴土語》及《莫話記略》。其中《武鳴土語》在一九四一年送往香港付印，原稿在日本侵港期中遺失，後來重新校訂，延遲到一九五六年才正式出版。另外描述性的論文前後有十幾篇。先生根據豐富的材料、比較異同，從音韻特點、語彙分布及某些語彙中語音演變上的特殊現象把台語分成三支：北支包括（一）武鳴；（二）(1)遷江，(2)冊亨、凌雲、西林、田州，(3)剝隘。中支包括（一）(1)白泰一，(2)土、儂、龍州；（二）天保；（三）永淳。西南支包括（一）(1)泰語、寮語，(2)黑泰；（二）(1)呂、白泰二，(2)撣，(3)阿含。侗語方言比較簡單，包括四個小方言：侗家話、水家話、莫家話及羊黃話。

在古台語的擬測方面，先生在一九四三年提出擬測一

套帶喉塞音的聲母 ʔb、ʔd、的建議、認為它們跟喉塞音聲母一樣對於聲調有相同的影響。一九五四年,為古台語擬測一整套複輔音聲母,如 pl-、pr-、tl-、tr-等。又在一九六二年,根據現代各種台語聲母及聲調的關係,推定古台語的聲母分成一清一濁兩類,把四個聲調演分為後來的八調。改正早年法國人馬伯樂(H. Maspero)台語聲母分三類的舊說。這些見解對於古台語的擬測都是極重要的貢獻,直接影響到如何解釋現代各台語方言分歧現象的問題,同時也從這些方面提供台語方言分類的依據。更進一步,對於漢語與侗台語的關係以及漢藏語族各語言間的親疏問題都發生重大影響。例如古漢語的聲母主要也分為一清一濁兩類,聲調也是四種。

其中關於古台語複聲母的問題有一個有趣的掌故:李先生在一九五四年 Language 雜誌上發表 Consonant Clusters in Tai(台語中的複輔音),其中擬測了 tl-、tr-、thl-、thr-等好幾個舌尖複聲母。法國人 A. G. Handricourt 批評先生的擬測毫無根據。因為這些複輔音聲母在當時已知的方言中都不存在,李先生的擬測完全是從相關現象推測而來,別人儘可反對。有趣的是在李先生這篇文章發表後,Handricourt 本人調查泰國東北部的一個 Saek 方言時,竟然發現這個方言中確實有 tl-、tr-等複聲母的存在。後來另一位學者 W. J. Gedney 更發現 Saek 語也有 thl- 及 thr-。從這一件事我們可以看出李先生以卓越的眼光及詳密的分析兩者配合而獲得的成就。這幾年來,先生正着手寫他的集大成的著作《比較台語》。這將是台語語言學界的一大盛事,也是漢藏語言學方面將來極重要的典籍之一。

先生在侗台語方面的重要著作有:

1. 龍州土語、史語所單刊甲種之十六、一九四〇。

2. 莫話記略、史語所單刊甲種之二十、一九四三。

3. 武鳴土語、史語所單刊甲種之十九、一九五六。

4. "The Hypothesis of a Pre-glottalized Series of Consonants in Primitive Tai",史語所集刊第十一本、頁一七七――一八八、一九四三。

5. "The Distribution of Initials and Tones in the Sui Language" Language 24 pp. 160-l67, 1948.

6. "Consonant Clusters in Tai", Language 30, pp. 368-379, 1954.

7. "Classification by Vocabulary: Tai Dialects", Anthropological Linguistics 1, 2, pp. 15-21, 1959.

8. 台語聲母及聲調的關係,史語所集刊第三十四本上冊,頁三一――三六、一九六二。

9. "The Tai and Kam-Sui Languages", Lingua 14, pp. 148-179, 1965.

10. Notes on the T'en(Yanghuang) Lingua Part 1: Introduction and Phonology,史語所集刊第三十六本下冊,頁四一九―四二六、一九六六。part 2, Texts, 三十七本上冊,頁一――四五、一九六七。

五、漢語研究

李先生在一九二九年初到史語所的時候,對於漢語語言學並没有深刻的認識。那時國内對於漢語音韻學及方言學的研究正在起步,反而是外國人的研究已經有高本漢及西門華德(Walter Simon)的著作。先生當時所有的只是胸中整套的語言學理論及調查並分析印第安語的實際經驗。這些經驗與理論使先生具有敏銳的識力,能一眼發現問題之所在,並從極複雜的材料裏條分縷析,整理出確不可移的證據來解決這些問題。

先生在所裏的頭兩年埋首披閲明清兩代諸音韻學大師以及高本漢、西門華德等人的著作。在一九三一年就發表了他討論古漢語音韻的第一篇文章:《切韻 â 的來源》。這篇文章實在是體大思精,當時極受趙元任先生的贊許,認為是國人第一篇科學性的音韻學論文。現在事隔四十年,對於擬音的内容李先生自己已有不少的更改,但是切韻 â 的兩個來源仍然是確切無疑。然後在一九三二及一九三五又連續發表兩篇論上古韻部的文章,跟高本漢互相辯論。高氏後來在他的兩篇文章《詩經研究》(*Shi King Researches*)及《漢語詞類》(*Word families in Chinese*)裏反覆辯駁,但也接受好些李先生的意見。尤其有些關於古音"之"部的擬音,兩人的看法不謀而合。從他們彼此論難的過程中,我們可以發現一門學問進展的轍迹,以及這些開闢草萊的大師們的風貌,尤其他們接受別人意見時的雅量以及辯駁別人意見時的謹嚴都值得我們效法。

在一九四五年,先生發表有名的 Some Old Chinese Loan Words in the Tai Languages(台語中的一些古漢語借字),討論漢語中特有的"地支"借到各台語方言中的情形,從聲母、韻母、聲調等各方面提出許多有啟發性的現象。例如漢台語聲調系統的接近;若干聲母的特殊對當;漢語陰聲字尾-d、-g 失落時代的不同等。

李先生在調查台語之外,同時也從事一部分漢語方言調查的工作。如一九二九年調查海南島瓊崖方言;一九三五年調查江西方言等。在一九三七年的英文中國年鑑上,先生有一篇文章介紹中國的語言,在最近一九七三年出的第一期《中國語言學報》(*The Journal of Chinese Linguistics*)上又重印這篇文章,編者並加註說明:"從一九三七年以來,李先生的這篇文章一直被認為是討論中國方言的標準參考論文。雖然在過去的三十年裏,對於好些個別的方言我們具有比較詳細的了解,但李先生涵蓋性的輪廓在實質上仍然是正確而有用的。"

從一九四六以後,差不多有二十年先生沒有再發表漢語古音方面的論文。但是先生在美國各大學,尤其在華盛頓大學,每年都以新的不同的內容講解中國音韻學。這些一年一年的新內容也就是先生在中國音韻學方面一年一年研究的精華。精華的累積成為一九七一年在清華學報上發表的《上古音研究》。這是一篇劃時代的著作。從高本漢的研究及董同龢先師《上古音韻表稿》之後,先生第一次提出令人耳目一新的上古音系統。在這裏,我們不仔細來介紹文章的內容,大體上說來,雖然其中仍有許多枝節問題未能討論,仍有許多假設需要更多的材料來證實,無論如何,這篇文章的影響是鉅大而深遠的。

先生在這方面主要的著作有:

1. 切韻 â 的來源,史語所集刊第三本,頁一——三八,一九三一。

2. "Ancient Chinese -ung,-uk,-uong,-uok, etc. in Archaic Chinese",史語所集刊第三本,頁三七五—四一四,一九三二。

3. "Archaic Chinese -iwəng,-iwək,-iwəg",史語所集刊第五本,頁六五—七四,一九三五。

4. "Language",Chinese Year Book,pp. 43-51,1936.

5. "The Zero Initial and the Zero Syllabic",Language 42,pp. 300-302,1966.

6. 上古音研究,清華學報新九卷第一二期合刊,頁一—五四,一九七三。

六、其他研究

一九五五年先生在臺大講學,曾經調查日月潭的邵族語言,後來發表 Notes on the Thao Language(邵語記略)。這是繼日本人高山族語言調查之後,國人用現代語言學方法所寫的第一篇研究高山族語言的論文,這又是一塊新拓的荒地。後來董同龢先師在這一個方向的辛勤工作不能不說是受了李先生的影響。

另外,先生有若干篇重要的書評散見於美國各大語言學雜誌,所評介的範圍極為廣泛,例如:K. L. Pike 的 Tone Language, W. A. C. H. Dobson 的 Early Archaic Chinese 都在評介之列,在此不詳細介紹。

先生很少寫通論一類的文章,唯獨在一九五一年國學季刊上發表了一篇講演詞,那是一九三九年先生三十七歲時在國立北京大學文科研究所所講的,題目是《藏漢系語言研究法》。這篇講演離現在已有三十五年,但其中先生的意見在今天仍然值得我們細讀,先生的建議仍然有待實行。

七、做學問的態度及影響

中國人研究漢語的音韻及方言由來已久,《切韻》根本是一部漢語的音節字典,揚雄的《方言》更是漢代方言詞彙的實錄。音韻學方面,從宋人吳棫、明人陳第以至清代諸大師使這一門學問有極可觀的成就;方言方面則有章太炎氏的《新方言》。這些研究嚴格說來只是語文學(plilology)的研究,不是語言學(linguistics)的研究。語言學科學研究的理論及方法無可諱言的是來自西方。把西方的理論及方法跟中國原有的研究結合在一起成為"中國語言學"的開路人就是瑞典人高本漢、中國人趙元任、李方桂、羅常培及林語堂等諸先生。

李先生除去研究印第安語以外,台語、藏語,無一不與漢語有密切的關聯,我們可以說先生的主要貢獻,在於對漢藏語族的研究。在一九五二年,Robert Shafer 及 Morris Swadesh 提出一個新穎的說法,認為 Athabaskan 語跟漢語也有某種程度的關係。最近又有別的人重提舊事,這一個說法意外地把李先生印第安語的研究也跟漢語研究連結在一起。現在對於這一個新問題,李先生是世界語言學界唯一的一位最有資格評斷的學者。

先生為學的態度極其謹嚴;教學的態度極其熱誠,工作更是認真,專心致志,恒久不輟。一九六九年夏季,筆者在華大先生研究室對面的房間工作,看到每天找先生討論問題的人幾乎足跡不停,先生總是一一為之解答,隨手檢取書架上有關的書籍,討論終日,毫無倦色。但是只要學生一離開,先生立即坐在打字機前繼續工作。那時已在寫《比較台語》一書,每天總打上一頁兩頁,從字鍵斷續的跳動聲裏,似乎聽得出先生的構思。

先生常說,有些問題放在腦筋裏,隔些時候也許觸類旁通。有些文章寫好以後稍微擱一擱,不要急着發表。這種謹嚴的態度給人很大的啟示;要使作品有經久的學術價值,必須要經過深思熟慮,匆忙的廚師總做不出色、香、味俱佳的菜,董同龢先師以前就曾經說過:"我的文章裏面謹嚴的說法是李先生的訓練,不該推論的地方就不說話。"

我們可以說,這幾十年來研究語言學的中國學者都或多或少受到李先生的影響,著名的如先師董同龢、周法高、張琨等諸先生無一不是向李先生請益過的。不僅中國學者如此,其他如美國的研究漢藏語的學者許多人都在書文的序或腳注式的謝啟裏謝謝李先生的指導。著名的如 Nicholas Bodman, Hugh Stimson 等人。從這裏我們可以見到先生對於語言學界的影響。

八、家庭及榮譽

先生於一九三二年三十歲時與徐櫻女士結褵。夫人係出名門,是徐樹錚將軍之幼女,徐道鄰先生之妹。婚後四十餘年,有子女三人。到現在"婦唱夫隨",真如成語所說的相敬如賓。筆者用"婦唱夫隨"四字並非筆誤,而是實錄。因為夫人是崑曲名票,而先生的長笛更是一絕。每當曲韻低迴,笛音婉轉,真是讓年輕的晚輩們有多種的感受。先生的學術文章固然難以企及,而先生家庭的和樂也是難得的。中國人的儒雅風度,西洋學者的謹嚴認真,都匯集於先生一身。涵養、氣度、學問、道德,沒有一樣不使人景仰。

夫人又燒得一手好菜,幾年前出版食譜,由先生親手把燒好的菜肴攝成彩色照。該書的特點是介紹在國外如何就地取材燒可口的中國菜,對於海外的家庭主婦們很有幫助。

先生在一九四八年當選為第一屆院士。那一次選出的院士中在語言學方面的就只有趙先生、李先生兩位。一九五〇年當選為美國語言學會副會長。從一九五二年到現在，一直被敦聘為美國語言學雜誌 International Journal of American Linguistics 的副主編。一九七三年又被敦聘為《中國語言學報》(*The Journal of Chinese Linguistics*)的副主編。

一九六九年先生六十五歲時，有三個第一流的學報出論文專集給先生祝壽，一個是史語所集刊；一個是 Monumenta Serica(華裔學誌)；一個是 IJAL，特別說明為先生在印第安語言研究方面的貢獻出專集祝壽。記得先生從華盛頓大學第一次退休時，戴德華教授(George Taylor)致詞說："IJAL 為李教授在印第安語言學上的成就出專集祝壽，他們不知道印第安語的研究只是先生研究裏的一小部分！"

一九七二年，先生的長女林德在柏克萊的加州大學、長子培德在芝加哥大學分別獲得博士學位，同時五月間，密歇根大學又頒贈先生以榮譽文學博士學位。密大是先生在四十多年前初到美國時就讀的學校。這一項榮譽代表美國語言學界對先生的崇敬。現在把頒贈榮譽學位當天的程序單上對先生的介紹詞引錄并翻譯如下，作為本文的結束。

FANG KUEI LI, Bachelor of Arts in the Class of 1926; Professor of Linguistics at the University of Hawii.

After compiling a superior undergraduate record at

Michigan, Professor Li attained an early distinction in American-Indian linguistics – an interest of his graduate teacher, the late great Edward Sapir He subsequently extended his ample purview to the historical phonology of Chinese, to Sino-Tibetan languages, and to comparative and historical studies of the Tai language family. His exact and far-ranging field work, his firm and yet subtle analyses, and his lucid exposition have established his absolute primacy in particular fields of language study and have served as a model and example for linguists generally. Because his scholarly dedication has been selfless, finally, he has been singularly open and generous throughout his career, so that both his peers and his junior associates love him as well as admire him.

The University of Michigan expresses its own admiration and affection for Professor Li as it tenders him the degree Doctor of Letters.

"李方桂，一九二六年班文學士，夏威夷大學語言教授。

李教授在密歇根以優異的成績自大學部畢業後，早年即以研究美洲印第安語言學卓著聲名。這一門學問是他研究所時的導師偉大的愛德華・薩皮爾所感興趣的。其後，李教授將他寬闊的視野擴展至漢語歷史音韻學、漢藏語言以及台語的比較及歷史研究。他的精確而範圍廣泛的田野工作，可靠而精細的分析，以及透徹的詮譯在各別的語言研究裏為他建立起絕對的第一流的地位;同時也普遍地成為語言學者們的範例。由於他學術性的貢獻是無私的,而且他在學術工作的歷程裏特別開展而寬宏,所以無論他的同輩或年輕的助理們都愛戴他也崇敬他。

　　密歇根大學頒贈李教授以榮譽文學博士學位來表示它自己的愛戴與崇敬。"